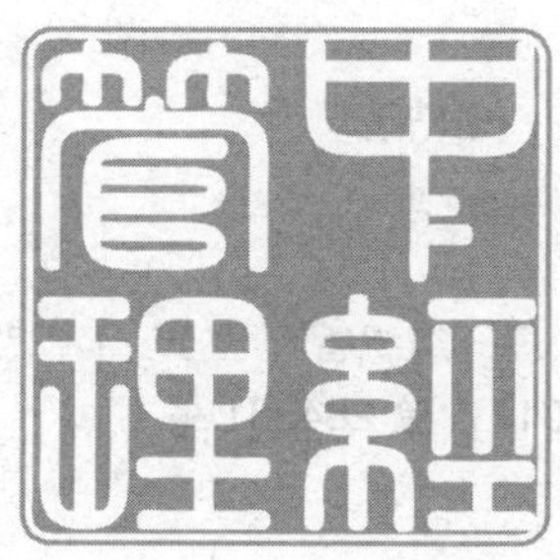

知识逻辑下的企业组织设计与优化

Design and Optimization of Enterprise Organization under the Knowledge Logic

王　皓／著

北　京

图书在版编目（CIP）数据

知识逻辑下的企业组织设计与优化 / 王皓著 .
北京：中国经济出版社，2018.3（2024.1重印）
ISBN 978-7-5136-4997-1

Ⅰ.①知… Ⅱ.①王… Ⅲ.①企业管理—组织管理学 Ⅳ.①F272.9

中国版本图书馆 CIP 数据核字（2017）第 284381 号

责任编辑　赵静宜　尹思源
责任印制　巢新强
封面设计　久品轩

出版发行　中国经济出版社
印 刷 者　大连图腾彩色印刷有限公司
经 销 者　各地新华书店
开　　本　710mm×1000mm　1/16
印　　张　11.25
字　　数　189 千字
版　　次　2018 年 3 月第 1 版
印　　次　2024 年 1 月第 2 次
定　　价　49.00 元
广告经营许可证　京西工商广字第 8179 号

中国经济出版社 **网址** www.economyph.com **社址** 北京市东城区安定门外大街 58 号 **邮编** 100011
本版图书如存在印装质量问题，请与本社销售中心联系调换（联系电话：010-57512564）

CONTENTS 目录

导论

第一节 相关概念的界定

一、组织设计与优化

“组织设计”从字面意思上来看是对组织的人为设计过程和相关的原则、方法的集合，而从组织理论的理性视角和自然视角来看，设计只能针对组织中的理性成分即组织的正式结构进行，以规范组织行为为特定的组织目标服务，而组织的非理性部分则不可能通过理性设计的方法加以改变。结构的形式就是准确、清晰、系统地阐述控制行为的规范，独立描述在该结构中占有一席之地的个体之间的关系与个人特质。从这个意义上来讲，“组织设计”等同于“组织结构设计”；同样地，“组织优化”也等同于“组织结构优化”。在传统组织和组织设计理论中，组织结构设计的结果是组织的层级制结构，组织设计的过程或者考虑任务分工，权力分配，信息传递和控制，不考虑由于组织参与者的人力资产特征引起的非理性因素，如非正式关系和非正式结构，组织贯例等内容；或者考虑非理性因素，但我们认为此种非理性因素不可以归入“设计”的范畴。Arie Y. Lewin 和 Carroll U. Stphens 提出的组织设计内容见表 0-1。

表 0-1 Arie Y. Lewin 和 Corroll U. Stphens 的组织设计框架

组织文化	
• 结构形式	• 人力资源政策，激励
• 信息技术和控制系统	• 组织文化
• 生产技术	• 组织间联系

我们认为，其中的结构形式，信息技术和控制系统，生产技术，人力资源政策和激励，组织间联系等内容可以进行理性设计，而组织设计是难以设计的，只能通过一定的机制去影响其形成和改变。而在理查德·L. 达伏特所著的《组织理论与设计精要》一书中，在其对“组织结构的基本原理”和“面对全球竞争的当代组织设计”问题的阐述中，组织设计的内容也仅仅是任务分工和信息关系的描述①。但在其对“组织设计过程”这一问题的阐述中，则又包含组织文化与伦理价值观的内容②。可见达伏特认为组织文化等非理性因素不能进入组织设计来影响非理性因素。

同时，在传统组织与组织设计理论中，任务的分工，权利的分配，信息关系的确定以及相应的控制机制的设计动因与影响因素是达伏特所指的结构性维度与关联性维度的集合③，并没有考虑青木昌彦所指的组织结构与人力资产类型的策略性互补关系④，因此也就没有把因为这种关系出现的组织设计的有关人力资产形成的目标和组织设计中关于人力资产使用和形成的治理机制考虑在组织设计的框架内。

因此，本书所指的“ 组织设计”，是在表 0-2 所描述的框架内进行。

表 0-2　本书的组织设计概念

组织设计		
功能结构 · 任务分解 · 部门设置 · 流程设计	知识传递机制 · 组织边界与知识获取 · 信息传递与共享	治理机制 · 权力分配 · 控制与激励机制 · 文化影响与生成机制

而本书所指“优化”概念，包含以上框架，既包括上述内容的优化问题，同时也包含组织中的非理性因素。但对非理性因素的包含并对非理性因素的

① ［美］达伏特（Daft，R. L.）. 组织理论与设计精要［M］. 李维安，译 . 北京：机械工业出版社，1999：98-137.

② ［美］达伏特（Daft，R. L.）. 组织理论与设计精要［M］. 李维安，译 . 北京：机械工业出版社，1999：181-192.

③ ［美］达伏特（Daft，R. L.）. 组织理论与设计精要［M］. 李维安，译 . 北京：机械工业出版社，1999：8.

④ ［日］青木昌彦 . 比较制度分析［M］. 周黎安，译 . 上海：上海远东出版社，2001：135.

直接优化，因为非理性因素既然不能设计，当然也不能优化，而是对影响非理性因素的有关机制进行优化。

二、知识与知识逻辑

我们认为，知识是一种抽象的、客观的存在，即不因组织的主观行为而存在或不存在，同时，对企业组织来说，企业组织的行为能够影响企业组织的知识总量。企业组织的知识或以显性知识的形式存在，或以隐形知识存在于员工个体的心智程序中，成为员工个体的人力资产，这种心智程序包括信息处理规则和决策规则。同时，知识由信息组成，又不同于信息，是经过加工和处理的信息。所以企业对知识的利用，既包括企业对外部知识的利用，包括外部知识的获取和处理、传递，这种外部知识重要的组成部分是现场可得的“关于特定时间和环境的知识”①；又包括企业组织内部知识的利用，其中相对重要的是以人力资产形式存在的个人隐形知识。而根据汪丁丁对知识传统的特点分析②，知识有得以在企业组织中加以整合的可能。因此，我们所提出的企业组织设计与优化的知识逻辑是指在知识经济背景下，以知识作为主要分析变量，以企业的知识活动有效性作为组织设计与优化的目标，其必然包括以下内涵：

（1）从企业组织设计与优化的影响要素层面来看，知识成为影响传统组织设计的环境、目标与战略、技术、规模和文化等诸要素的重要描述与分析维度，从而为组织设计与优化提供新的驱动模式。

①外部知识的可获得性与可分析性成为描述环境复杂程度的重要维度甚至是主要维度，从而对组织设计提出了边界设计、知识获取方式设计以及与外部进行知识交流方面的独特要求。

②知识，尤其是以人力资产形式存在的隐性知识的难以测度性，对促进其传递和使用的组织的知识整合结构提出了独特的要求。

③隐性知识储存于员工个体中，如何提高隐性知识的利用程度，促进主

---

① ［美］保罗·S. 麦耶斯. 知识管理与组织设计［M］. 蒋惠工，等，译. 珠海：珠海出版社，1998.

② 汪丁丁. 知识沿时间和空间的互补性以及相关的经济学. 经济研究［J］. 1997（6）.

要由隐性知识决定的个人资产的发展，包括相关权利与隐性知识的结合、组织利用隐性知识发挥的激励等内容，成为组织设计与优化的重要因素。

④传统的主要由人员数量决定的规模，在知识逻辑下则成为主要由需整合的不同类型人力资产的个体数量和比例决定。

（2）从企业组织设计与优化的目标层面来看，传统的企业组织设计目标是形成主要目标链体系，实现组织营利性目标执行与控制的有效性和高效性。知识逻辑下的企业组织设计与优化的目标则是在兼顾传统目标的前提下，实现促进知识的获取、传递、整合与总量增加的目标。

（3）从企业组织行为结构有效性的评价模型层面来看，由于知识既成为企业组织设计与优化的动因，又成为其目标，因此在评价依据的选取、评价目标的确定和评价路径的选择等方面均对传统方法提出挑战，必须形成以知识为内核的新体系。

（4）从企业组织优化模型的层面来看，基于传统的评价模型的传统优化模型受到来自知识逻辑的挑战，怎样选择以知识为主要动因和目标的方法和路径对企业组织要素进行整合、优化，形成了企业组织优化模型层面的知识逻辑。

第二节 问题的提出与本书的研究意义

知识经济已经成为现实，其对企业生存与发展、企业管理理论和实践的影响是全方位的。知识日益成为企业生存与发展、企业市场竞争力的决定性因素，企业的可持续竞争优势的源泉不再由物质资产来决定，而转由与知识紧密相关的企业人力资产决定的核心竞争力。企业尤其是知识密集型企业如何维持竞争优势，获得企业生存和发展的良好态势，是摆在管理理论界和实践界面前的现实和紧迫问题。这一问题从企业组织的角度来看，又可具体化为下列问题：

（1）在知识经济条件下，怎样的企业组织结构有助于企业可持续竞争优势的获得、转化和发展？

（2）在知识经济条件下，怎样的企业组织结构有助于对外部知识的获取、使用和发展？

（3）在知识经济条件下，怎样的企业组织结构有助于企业显性知识和存在于员工个体中的企业隐性知识的整合使用，并促进员工个体向适合企业的人力资产类型的发展？

（4）能够满足上述三个条件的企业组织结构的设计与实现受到哪些因素的影响？传统的组织设计的影响因素模型是否适用于知识经济的特定条件？

（5）能够满足上述三个条件的企业组织结构与传统的组织结构在设计模型上有何不同？是构成要素相同而表现不同，还是构成要素根本就不同？

（6）如何判断现有的企业组织结构能否适应企业的内外部条件和企业发展的要求？判断的依据和路径是什么？

（7）如果现有的企业组织结构在有效性上能够满足企业生存和发展的要求，其原因是什么？

（8）如何对在有效性方面不能够满足企业生存和发展需要的组织结构进行优化？优化的思路和路径是什么？

我们认为，上述八个问题能否解决与解决的好坏，是关系企业组织结构在知识经济条件下的有效性问题，是知识逻辑下企业组织设计与优化过程中面临的现实问题和理论问题。对上述现实问题的解决，是本书欲达到的目标之一，从而使本书具有一定的现实意义。

传统的组织和组织设计理论研究至少在以下四个方面不能够满足知识经济条件的要求：

（1）组织设计的影响因素模型中没有考虑人力资产类型和组织结构类型的策略性互补关系，没有把已有的员工人力资产类型和外部市场可得的人力资产类型包含影响因素模型中；

（2）组织的设计模型同样没有考虑人力资产类型和组织结构类型的共生演进关系，在组织设计模型框架的内容上能够包括人力资产的发展机制和知识的使用和发展机制，同样在规范的组织结构中没有完全可适应知识经济条件的组织模式；

（3）传统的组织与组织变革理论不涉及企业组织在知识获取、使用和发展以及人力资产发展方面的结构有效性方面和路径，造成企业组织在此方面的结构有效性的难以判断性；

（4）传统的组织与组织设计理论没有提供知识经济条件下企业组织结构优化方法，传统的优化方法因为将注意力集中于企业组织的理性成分、忽视以员工心理因素、个人目标以及人力资产等形式存在的非理性成分，使传统的优化方法上能够适应新的要求。

而本书从知识的逻辑对企业组织设计与优化问题进行研究，通过传统的组织与组织设计理论和知识与知识管理理论、新制度经济学、信息论和控制论的融合，可以在一定程度上解决上述不足，从而使本书具有一定的理论意义。

第三节　本书的研究目标、研究方法、技术路径和可能的创新之处

本书试图在对传统组织与组织设计理论进行分析的基础上，结合新制度经济学、信息论、知识理论等相关理论与分析框架，构成适合知识经济条件的企业组织设计与优化模型，具体来说，试图实现下面的研究目标：

（1）对传统组织设计理论中的影响因素模型进行知识逻辑下的重新分析，构建知识逻辑下企业组织设计与优化模型的影响因素子模型；

（2）对传统的组织设计模型进行知识逻辑下的重新分析，构建知识逻辑下企业组织设计与优化模型的组织设计子模型；

（3）对传统的企业组织结构有效性评价模型进行知识逻辑下重新分析，构建知识逻辑下企业组织与优化模型的结构有效性评价子模型；

（4）对传统的企业组织结构优化模型进行知识逻辑下重新分析，构建知识逻辑下企业组织设计与优化模型的组织优化子模型。

本书在研究哲学上遵从“既见树木又见森林”的“总体论”（整体论+个

体论）和动态最优观①，既在研究过程中对企业组织与优化的整体问题进行因素子模型、设计子模型、评价子模型和优化子模型的分解，在各部分的研究过程中具体考察各因素；又从组织作为复杂性系统的层面进行整体性的把握，避免对上述各部分进行合成时的谬论。在研究方法论上采用问题导向与环境依赖，即把企业组织设计与优化问题放在知识经济条件的背景下加以研究，解决知识经济条件下的企业组织设计与优化问题。在研究过程中，采用理论分析、模型构建与对策研究相结合的方法，既对传统的组织与组织设计理论进行分析，又在知识逻辑下进行企业组织设计与优化模型的构建，最后得出相关的结论和对策建议。

本书研究的技术路径将沿着“理论分析——模型构建——对策建议”这一步骤进行。本书的可能创新之处在于对企业传统组织设计与优化理论的分析和知识逻辑下企业组织设计与优化模型的构建，并对模型进行必要的阐述和分析。在对传统理论的分析和模型的构建与分析过程中，从前文对知识逻辑分析的各个层面结合新制度经济学、信息论和控制论等学科的内容进行探讨。

第四节　本书的研究结构与篇章安排

本书的章节划分和各章节内容为：

导论。本部分首先对组织设计与优化、知识与知识逻辑等相关概念进行界定，

随后从现实问题的解决和理论研究的意义两方面阐述本书的研究意义，然后提出本书的研究目标、研究方法、研究的技术路径和可能的创新之处，最后提出本书的具体研究结构。

第一章，文献回顾与理论综述。第一，从自然系统、理性系统和开放系统多个视角回顾与评论相关的组织理论；第二，回顾与评述传统的组织设计理论与模型；第三，评述新近的有关知识视角的组织、组织设计与组织变革

① 席酉民．新世纪：中国管理科学界的挑战、机遇与决策［J］．管理科学学报，2000（3）．

理论。

第二章，知识逻辑下企业组织设计与优化模型构建。本部分在分析传统的组织设计理论架构的基础上，结合知识逻辑，对其进行改造，形成知识逻辑下企业组织设计与优化模型。本章分为三节：第一节，知识经济背景下企业的本质理论架构分析；第二节，企业的知识创造机制；第三节，知识逻辑下的企业组织设计与优化模型。

第三章，知识逻辑下企业组织设计与优化的影响要素分析。本章从分析传统组织与组织设计理论关于影响要素模型入手，讨论知识经济条件下影响企业组织设计与优化的企业组织内外部要素，分析各要素的描述维度和对企业组织设计与优化的影响机制，最终形成知识逻辑下企业组织设计与优化的影响要素子模型。本章分为三节：第一节，传统模型关于影响要素的理论分析；第二节，知识逻辑下的影响要素分析；第三节，知识逻辑下的要素综合影响分析。

第四章，知识逻辑下的企业组织设计分析。本章从分析传统理论关于组织设计的模型分析入手，在知识逻辑下企业组织设计影响因素子模型的基础上，分析知识经济条件下企业组织设计的内容与规范原则，形成知识经济条件下企业组织设计模型和可选择的组织模式，从而解决知识逻辑下企业组织设计的内容与组织模式问题。本章分为四节：第一节，知识逻辑下的企业组织设计模型构建；第二节，功能结构分析与设计；第三节，知识传递机制分析与设计；第四节，治理机制分析与设计。

第五章，知识逻辑下的企业组织结构有效性评价。本章在对传统的组织结构有效性评价方法进行分析的基础上，对知识经济条件下企业组织结构有效性评价的原则、指标体系、评价过程进行具体分析，提出知识逻辑下的组织结构有效性的评价方法，构建知识逻辑下的企业组织结构有效性评价子模型，从而为组织结构状态的判断和组织优化路径的选择提供依据。本章分为五节：第一节，企业组织结构有效性评价方法评述；第二节，知识逻辑下企业组织机构；第三节，评价要素的递阶结构模型建立；第四节，企业组织有效性的模糊综合评判。

第六章，知识逻辑下的企业组织优化。本章在对传统的组织优化方法进行评析的基础上，对知识逻辑下企业组织优化的模式、步骤与过程进行具体分析，构建知识逻辑下的企业组织优化模型。本章分为四节：第一节，组织结构失效与和谐优化思路；第二节，功能结构优化；第三节，组织知识活动过程优化；第四节，文化重构。

本书的结构图示如下：

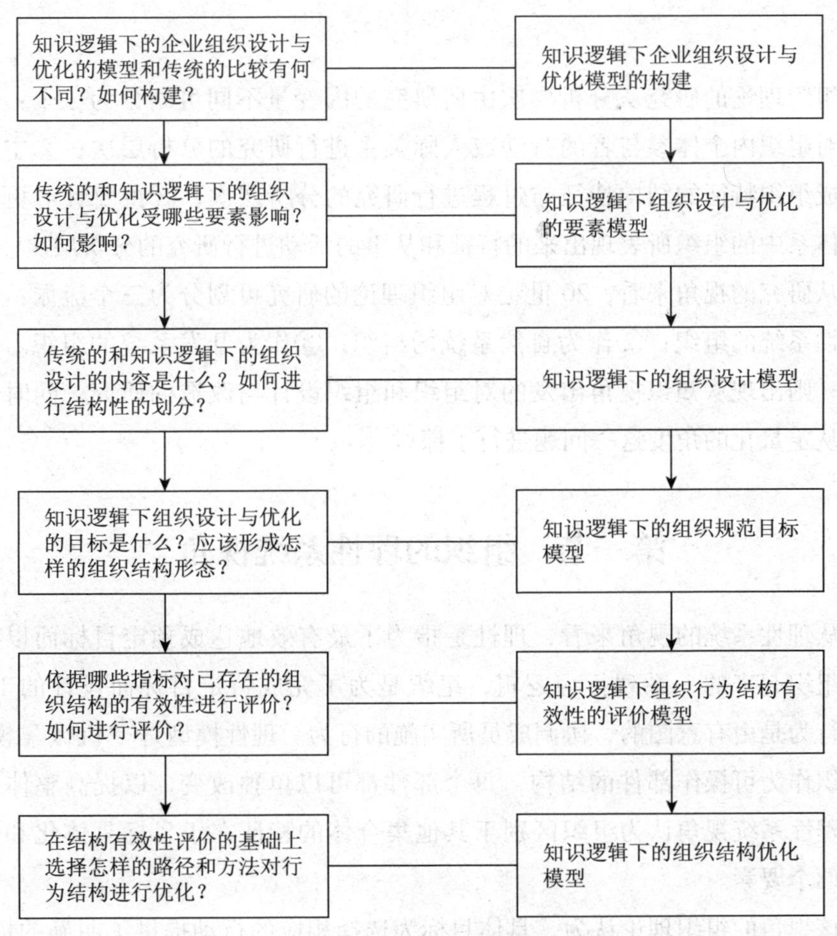

图 0-1　本书的研究结构

第一章　文献回顾与理论综述

组织理论的研究从分析层次由所研究的因变量不同可划分为三个：①主要针对组织内个体参与者的行动或人际关系进行研究的分析层次；②主要针对构成组织特征的结构特征与过程进行研究的分析层次；③主要针对更大的关系体系中的组织所表现出来的特征和从事的活动进行研究的分析层次。

从研究的视角来看，20 世纪对组织理论的研究可划分为三个流派：①作为理性系统的组织；②作为自然系统的组织；③作为开发系统的组织。而在近期，则出现从知识视角出发的对组织和组织设计与改造的研究，同时也有学者从定量化的角度这一问题进行了探讨。

第一节　组织的理性系统视角

从理性系统的视角来看，理性是指为了最有效地达成预定目标而以某种方式组织起来的一系列行为逻辑，组织是为了完成特定目标而设计的工具，组织行为是由有意图的，协调成员所实施的行为。理性模型是“机械”模型，把组织作为可操作部件的结构，每个部件都可以单独改变，以提高整体的效率。理性系统视角认为组织区别于其他集合体的特征在于目标具体化和形式化这两个要素。

该视角的组织理论认为，具体目标为选择相应的行动提供了明确的标准，也对组织结构的设计起指导作用。具体目标使行动具体化，使组织明确所雇佣人员的类型，以及资源在参与者之间的分配方式。形式化即时一系列在组织体系中指导行为的角色和原则关系结构更加清楚明确，使参与者或观察者能够描绘社会结构及其运作流程，描绘其与合理操作的关系和过程，包括责任分工的设计与修订，信息与物质的流转以及参与者之间互动的方法。通过标准化、规范化和形式化能使个体行为更加确定[①]，形式化使组织的每个成员能更稳定地预期其他成员在特定条件下的行为。除此之外，形式化可以优化互动期望的构成[②]，可以使结构客观化，即使角色和关系的定义对参与者而言更客观、更外在。

以上理论视角的主要代表人物和理论有：泰勒的科学管理理论、法约尔等的行政管理理论、韦伯的科层制理论以及西蒙的管理行为理论。

泰勒方法的基本精神是基督教伦理、社会达尔文主义和信仰科学技术的混合物。泰勒认为，通过科学地分析单个工人所从事的工作，就能找到用最少的能量和资源投入来获得最大产出的运作程序。但是，基于个体劳动力配置的合理化，必然引起整个工作安排结构的变迁。泰勒是“传统品质范式”[③]要素的主要阐述者，强调确定工作任务以及使该方法规范化的重要性，同时强调审查制度，既要有细致的设计以确保审查者本身的行为也要受到审查。

与泰勒及其后继者对组织提出“自上而下”的理性化管理方法，即由个体工作的改变有影响更大结构的工作关系不同，法约尔等行政管理理论家提出了“自上而下”的理性化方案，强调管理的功能，并力图建构主要的行政管理原则作为组织活动理性化的准则。法约尔等认为协作与专门化是重要的两种行为类型，为指导行为而产生的准则主要包括等级原则（强调等级制组织形式，在其中，所有的参与者都被置于控制关系的金字塔结构内）、指令单一原则（没有哪个参与者可以从两个以上的上司那里接受指令）、控制范围原则（强调每个上司不能拥有多于其有效监督范围外的下属）以及特例原则（建立所有规范化事务均由下属应对，为上司留出时间以处理即存规章不适用的特殊情况）。而专门化问题包括了如何把各种行为分配给组织的每个职位，以及如何使这些职位最有效地组成工作单位或部门，这其中包括部门化原则

① Coie，Rober E. Different Quality Paradigms and their Implications for Organizational Learning [M]. in the Japanese Firm：Sources of Comparative Strength. pp. 66-83，Oxford：Clarendon Press.

② Massie Joseph L. (1965). Management Theory，in Handbook of Organnizations. pp. 387-422. Chicago：Rand Mcnally.

③ 同①。Massie . Joseph L. Management Theory，in Handbook of Organizations. pp. 387-422. Chicago：Rand Mcnally.

和流水线作业原则。在这些原则下，对工作活动的细分和对组织与协作的关注成为形式化结构的标志。

韦伯的科层制理论主要包括对权威的分类以及对建立在传统权威和法理权威基础上的科层制的分析。韦伯把每个科层制要素都视为解决早期行政体系问题或缺陷的方法，而且，每个要素都不是单独运作，而是作为整体中的一员，通过要素的结合，产生更为有效且高效的行政体系。韦伯认为，科层制区别于传统的组织形式，有下述特征：①对管辖权的范围进行清晰的划分：把个人的常规行为划分在职务责任的范围内；②公司的组织遵循等级制原则：每个相对低级的职员都受高级职员的控制和监督，同时，高级职员对于低级职员的权威范围是有限制的，低级职员也有申诉权；③有特意建立起的一般规则体系，以指导和控制职员的决策和行为；④“生产或管理的手段”归属于公司。而不是公司的所有者，且不能被滥用；⑤在技术资格的基础上挑选职员和指派职位，并给予薪水；⑥组织的雇员制度为职员构建起职业。虽然韦伯的行政体系模型强调了许多相互关联的因素，但他主要关注作为权力或统治体系的组织。在该组织中，领导者通过职员的等级制对其实施控制，这些职员同时接收和发出指令。为了把握住独特的要素及其相互关系的内涵，韦伯采用了“理想类型的而把那些被视为所探索的现象中最为突出的特征分离出来。

西蒙在其管理行为理论中批判了泰勒和其他早期理论家提出的关于组织中的行动者的论断，提出了更为人性的“管理人”——力求追逐自己的私利，但是却总不明白到底是什么。他们只知道一些可能的选择，并且愿意作一个适宜而不一定是最好的决定。西蒙阐明了有助于组织内部理性行为的目标具体化和形式化的过程，认为对组织的科学描述就是具体的分析作为组织参与者的个体所作的决定，以及他们在作这些决定时所受到的各种影响。西蒙认为，组织既简化了决策，又支持了参与者做出必须做出的决策，组织简化参与者决策的一个主要的方法就是对指导行为的目标进行限制，组织的目标可以作为构建手段—目标链的起点，建立一个目标等级体系。从下往上来看，个体决策和行为的合理性只有在与更高层的决定相联系才能予以评价；对每个子目标的评价只能看它是否与更大的目标相一致。从上往下来看，把大的目标分解并指派给子单位形成子目标，通过具体化价值前提进而简化每一层必须的决策，就可以通过行为的合理性。从西蒙的这一观点来看，组织的等级就是聚合的手段—目标链，用以提高组织内部决策和行为一致性，组织结构就是“为完成某种行为的相互环套的计划”。

第二节 组织的自然系统视角

与理性系统模型着重于组织区别于其他社会群体的特征不同，自然系统模型强调的是组织与其他体系的共性；理性系统强调的是组织的规范结构，自然系统模型则着重于行为结构；理性强调了结构对于参与者特性的重要性，而自然系统则相反，甚至将参与者称为“没有组织的人”。

自然系统视角的主要内容是对组织目标复杂性和非正式结构的研究和解释。

自然系统视角的理论家更多地关注行为，对组织的目标有两种看法：首先，既定的和组织“实际”所寻求的目标之间存在差距；其次，组织寻求的组织目标不是指导参与者行为的唯一目标，还必须寻求“维持”目标[①]。从这个角度来看，组织远不只达成既定目标的工具，本质上是力图在特定环境中适应并生存下来的社会团体。自然系统视角的理论家认为，正式结构是特意设计来规范行为以为特定目标服务的，同时，非正式结构的出现会替代、侵蚀和改变正式结构。正式结构等同于那些独立于个体行为者特征而存在的规范和行为模式，而非正式结构是建立在具体参与者的个性和相互关系的基础上的，在促进更轻松的交流、提高信任度和纠正正式体系中的不足等方面具有重要作用，罗斯里博格和迪克森将正式结构与“成本和效率逻辑”等同起来，而将正式结构称为“情绪逻辑”[②]。理性系统视角的主要代表人物和相关理论有以马约为代表的人际关系学派、巴纳德的协作体系、塞尔兹尼克的

---

① Gross, Edward. Universities as Organizations: A Research Approach [J]. American Sociological Review, 33, 518-544.

② Roethlisberger, F. J., and William J. Dickson (1939). Management and the Worker . Cambridge, MA: Harvard University Press.

制度学派以及帕森斯的 AGIL 模型。

以马约为代表的人际关系学派主要研究的问题有：在组织环境中工作团体、领导行为、工人的背景、个人特质对组织行为的影响以及包括采用人事顾问、领导行为、工作重组和决策参与在内的组织改革研究。怀特和利皮特指出：实验工作团体中的参与者在“民主”领导之下比在“自由放任”或“集权”领导之下，工作表现的更为有效。斯道迪尔和康恩斯[①]则区分了两种基本的领导行为：互信（consideration），即存在于上司与下属之间的，以信任、友谊和尊敬为特征的关系；创造性结构（initiating structure），即上司是优秀的组织者，能使工作运作起来；有效的领导者是在两方面都能做好的人。其他的研究强调因环境特质而改变的领导特征[②]和个体下属特定的需求动机[③]。人际关系学派虽然使用“人际”关系的说法，但是使工作环境人性化主要还是作为提高生产率的手段，而不是其本身的目的。直到进入 20 世纪 60 年代，人们才认识到雇员福利应该作为组织设计的正当目的。

巴纳德的协作体系理论强调，组织在本质上是一个协作体系，用以整合个体参与者的贡献。巴纳德将正式组织定义为“存在于有意识的、有意图的、有目的的人之间的一种协作”，这包含两层含义：第一，组织是建立在参与者做出贡献的意愿之上的，否则组织就无法生存下去；第二，无论为企业投入的工作是为了什么具体目的，这些工作都应指向一个更为普遍的目标。“对实际存在的普遍目标的灌输，是管理的基本功能”。巴纳德坚持协作的非物质、非正式、人际关系以及道德的基础，认为物质报酬是“微弱的刺激”，如果要使协作工作维持下去，必须有其他心理的和社会的动机加以支持。巴纳德还认为，“正式组织是从非正式组织中产生的，也是非正式组织所必需的；但是，当正式组织开始运作之后，也创建并需要非正式组织。”非正式结构有助

① White, Ralph , and Ronald Lippitt Lippitt (1953). Leader Behavior and Member R eaction In Three Social Climates, in Group Dynamics, pp. 586-611, ed. Dorwin Cartwright and Alvin Zander. Evanston, IL: Row, Peterson.

② Stogdill, R. M. , and A. E. Coons , ed (1957). Leader Behavior: Its Description and Meassurement. Reserch.

③ Cartwright, Dorwin (1965). Influence, Leadership, Control, in Handbook of Organizations, pp. 1-47. ed. james G March. Chicago : Rand McNally.

于沟通，维持凝聚力，并支持“参与工作的意愿和客观权威的稳定”。同时，他认为，成功组织的最重要因素就是集体目标的确立，集体目标将参与者在道义上整合在一起。发展和传授集体目标就是管理的独特功用。

塞尔兹尼克的制度学派理论认为，“组织最重要的事，不仅在于组织是一种工具和手段，更在于组织都有自己的生命”。他同意理性系统分析家关于正式组织的独特特征就是组织是被合理设置的、完成特定目标的工具，但他认为正式组织不能控制组织行为中的非理性因素。这些非理性因素的根源是：①个体，其作为“整体”加入组织，但并不仅仅按照系统为他们设定的正式角色行动；②组织结构，既包括正式体系，也包括复杂的非正式体系，结构将参与者与组织之外的个体联系起来。塞尔兹尼克认为制度化是一个价值中立的过程：“从不稳定的，松散组织的或有限的技术活动中产生出有序的、稳定的和社会的整体模型”，制度化的最重要意义就是通过这一过程，使结构或行为变得“有价值，并超出技术的需要”。塞尔兹尼克将组织结构视为通过对参与者的特征和责任做出反应，同时也对外部环境影响做出反应的有适应能力的有机体。塞尔兹尼克支持功能分析，认为压倒所有体系功能需求的是“维持体系自身的完整性与持续”，所以他研究和解释一些更为具体的“派生规则”，包括作为整体而与其环境关联的组织安全、权威和沟通规范的稳定，组织非正式关系的稳定以及对组织意义和角色的共识。塞尔兹尼克提出应该像研究有机体惊人适应能力的医疗心理学家那样来研究组织，不应关注组织内部产生的日常决策，而应该将注意力投向那些一经便使结构本身产生变化的关键性决策。这些关键性的决策模式，从长远来看，形成了每个组织的独特结构。塞尔兹尼克认为，领导可以在改革进程中起关键性作用，领导者必须界定好组织的任务，即他们有责任选择并维护其独特的价值观，并“创造出体现这种价值观的社会结构”①。

帕森斯的 AGIL 模型是所有的社会体系为了生存必须要完成的四个基本功能需求的首写字母组合②：

---

① Selznick，Philip. Leadership in Administration. Harper& Row，1957.

② Parsons，Talcott. Structure and Process in Modern Societies. Glencoe，IL：Free Press，1960.

适应：即获取充足的资源。

目标达成：即确定和实施的目标。

整合：即在子系统中维持团结或协调。

维模：即创造、保持和传播该体系独特的文化和价值观。

帕森斯认为，每个组织都必须发展自己的结构，使其适应环境，并调动资源以满足持续运作的需要。组织必须找到方法来控制成员的忠诚、调动他们的积极性并协调好各个部门之间的协作。组织必须发展出一套机制来应对维模问题，以此提高成员的价值认同。帕森斯认为功能需求的分化会导致结构的分化，随着结构的分化，又会出现功能需要满足的障碍。这是因为各种功能需求或多或少是互相抵触的，以至于为解决某一功能需要的努力妨碍了解决其他功能需要的努力。①对于这些紧张关系的结构“解决方法”，就是创造出应对每个问题领域的角色和亚系统②。但是这种解决方法仅仅简化了个体角色和亚系统的定义，并没有消除其中的不和谐，不和谐问题仅仅被推到了一个更高的层次上以求解决而已。在组织层次上，以更高层次的结构分化为特征的组织，更需要整合和解决冲突的机制，帕森斯除了对出现如何具体分析层次上的横向功能化进行分析外，还区分了三个主要的组织结构层次（见表1-1）。

表1-1　帕森斯的组织结构层次划分③

层次	功能
技术层	处理组织的实际“产品”
管理系统	协调组织和任务环境之间的关系
制度系统	将组织与更大的社会联系起来

① Parsons，Talcott. The Social System. Glencoe，IL：Free Press，1951.

② Lawrence . Paul R and Jay W. Lorsch. Organization and Environment：Managing Differention and Intergration［J］. Graguate School of Business Adminstration，1967.

③ 根据有关资料整理。

第三节 组织的开放系统视角

组织的开放系统视角得益于一般系统论的发展，一般系统论对于组织理论的贡献在于把组织理论模型提升到了第三个层次（将组织视为控制系统）和第四个层次（将组织视为开放系统）。伯尔丁论述了系统的层次和类型：框架结构、时钟结构、控制系统、开放系统、蓝图发展系统、内在形象系统、符号处理系统、社会系统和超自然系统，不同层次和类型的系统在构成要素的复杂性和相互关系的特质方面有所不同。不同系统要素之间和系统与环境之间关系的本质与相对重要性也在发生变化，系统流程的主要类型是物质、能量和信息的流动。将组织视为控制系统就是强调运作、控制和决策中心及其相互间流程的重要性（见图 1-1）。

决策中心为系统确定目标，即应对环境的需求或选择（流程 1）；某些环境的需求采用来自如顾客或更高层次组织系统的指令的形式（流程 2）。决策中心将目标或行为的准则传递到控制中心（流程 3），控制中心把自己的程序运用到操作层次（流程 4），在那里将原材料转化为产品和服务（流程 5 和流程 6）。控制中心检测产出，将其质量和数量与决策中心确立的标准进行比较（流程 7）。图中的第二个反馈回路（流程 8），表明系统外界对系统反应会导致组织进行目标调整，在这样一个双重反馈系统中，主要回路通过预设的决策规范来控制干扰的"程度"，而次要回路通过确定是否重新界定控制操作层次的规则来控制干扰的"类型"，这些不仅产生了不同行为而且产生了行为选择规范的适应性行为被称为"双回路学习"①，检测环境对系统过去行为的反馈是任何开放系统中重要的适应机制。这种控制系统会导致"目标导向性行为，而不仅仅是目标取向性行为，目标导向性行为来自目标状况本身，并用来指导系统行为，而不是来自那些毫无目标的、预设的内在机制"②。当系统

① Argyis，Chris（1982）. Reasoning，Learning and Action ：International and Organizationai . San FRANCISCO：Jossey-Bass.

② Buckley，Walter（1967）. Sociology and Modern Systems Theory . Englewood Cliffs，NJ：Prentice Hall.

变的复杂时，就不可能预测如何潜在的干扰因素，这时，反馈机制就成为重要的控制特质①。

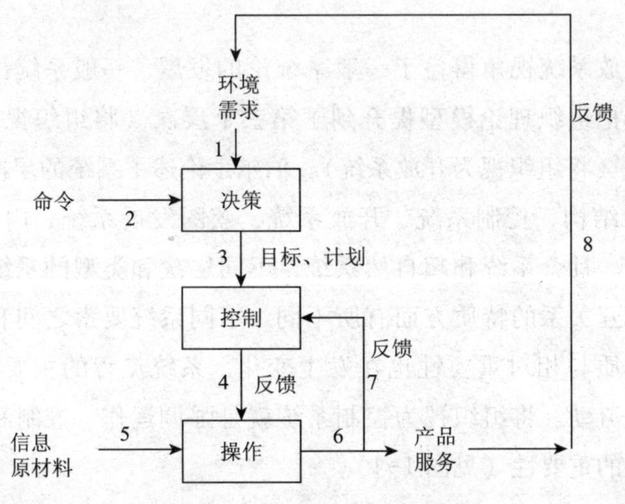

图 1-1 控制系统的抽象模型②

开放系统视角认为，可以把组织作为控制系统来进行分析，同时，在更为复杂的层次上，组织又只是一个功能模块，作为开放系统来运作③。组织系统不是通过"对抗环境复杂性"来进行自我保护的，"恰恰是非一统的加工过程才维护了开放系统的不同结构"④。同时，开放系统是有边界的，必须为边界的维护花费一定的能量。系统的开发性是因为并不是个体人员，而是他们特定的活动和行为才被包括在组织内⑤。

一般系统论通过引入"熵"的概念，对封闭系统和开放系统之间的差别进行阐述，所有系统都自发地朝增加熵的状态运行：任意设置要素，分解差

① Beet，Statfford（1964）. Cyberetics and Management，New York：Wiley.

② Swinthrop（1974）。

③ Scott，W. Richard（1988）. Environmentai Linkages and organizational Complexity：Public and Private School，in Comparing Public and Private School，Vol. 1，128 - 60，ed ，Thomas James and Henry M. Levin. New York：Falmer press.

④ Pondy，Louis R and Ian I，Mitroff（1979）. Beyond Open System Models of Organization，in Reasearch in organizational Behavior，1. 3-39，ed. Barry M. Staw. Greenwich，CN：JAI Press.

⑤ Pfeffer，Jeffrey，and R.，Salancik（1978）. The Externai Control of Organizations. NewYork：Harper.

异性结构，使无序状态最大化。因为开放系统能够从环境中引入能量，所以也能产生“负熵”。通过引入大于其输出的复杂性，开放系统储存能量，进行自身组织故障修复。“所以，这种系统能够在高层次上维护自身，进而向更高秩序和复杂性的方向演进”，布克利区分了系统进程中两个基本的设置：维持和变革。维持是保存或维护系统既有形态、结构或状态的过程，变革是指细化或改变系统的过程，譬如成长、学习和分化。其中代表性的开放系统学派有：系统设计方法、权变理论和维克的组织社会心理模型。

系统设计学派的组织理论家将一般系统论视为组织设计以完成既定运作的思想源泉，认为组织设计就是确定适当的工作流程、控制系统以及计划机制之间的关系。还认为在连接系统要素的流程中，信息流程最为关键。信息的收集、传递、储存和恢复也是组织运作中最为关键的行为。哈勃斯托指出了个体的“低信增容量、低可靠性、低计算能力”，另外，个体也有一些优点：“人的长处在于人存储量、大反应容量、将这些反应与信息输入相联系的灵活性，以及遇到意外情况时的创造性反应能力。”系统设计者所面临的挑战就是，如何创造出一种结构，既能克服系统部件（包括个人参与者）的缺陷，又能充分利用他们的优点。

权变理论是建立在三个假设基础上的：①不存在最佳的组织方式；②任何组织方式之间都不等效；③最佳的组织方式有赖于组织环境的特质。作为系统设计的分支，权变理论强调设计有赖于环境因素，是权变性的，认为一旦组织的内在特征与其环境要素达到最佳匹配，那么组织就能最好的适应环境。劳伦斯和骆奇提出，组织与其环境的适应至少应该发生在两个层面上：

（1）组织每个子单位的结构特征都应当和与其自身相关的特定环境相适应。

（2）组织的分化和整合模式都应当与其自身相关的特定环境相适应。

环境特征就在于其对组织所呈现的复杂性和不确定性，环境的不确定性通过影响组织的运作而进入组织，从而将环境挑战与组织信息系统类型起来[①]。不同结构设置，包括规章、等级制和分散化，都被视为决定系统信息处

① Galbraith , Jay R. （1977）. Organization Design. Reading , MA：Addison-Wesley.

理能力的机制，设计上的挑战就在于选择一个结构设置以适应所执行任务的信息处理要求。

在系统设计和权变理论家在结构分析的层次上建立其开放系统的同时，维克试图从社会心理学的层次对开放系统进行研究。维克将组织行动定义为“通过条件相关进程中的连锁行为，解决规定环境中的模糊性”①，认为组织行动通常是针对信息处理的，其目的就是消除模糊性。维克主要关注的是开放系统视角在个体参与者及其相互关系层次上的运用，强调个体行为的半自觉性，即个体之间关系的松散性和条件性②。

上述有关组织理论的三种视角明显具有不同的侧重点。理性系统视角重视组织的规范结构：目标具体化和规章、角色的形式化，认为理性存在于规范、控制机制、报偿体系和系列标准中。理性系统视角的局限在于忽略了组织的行为结构，尤其是理性的概念本身具有局限性：在组织的最上层，指导整个决策制定的价值前提是处于体系之外的；在组织的底层，“理性”行为意味着抛开个人的思想和理智判断，而只是盲目地遵从规章制度具体化了的行为过程。自然系统视角重视组织的行为结构，将与组织相关的行为界定扩展到个体活动和态度的方方面面，认为组织作为自然系统是演进出来的、应该顺其自然地发展、应以发自自然为特征。开放系统视角的注意力从结构转向过程，强调组织行动而不是组织，强调个体要素（包括个体参与者和子群体）的复杂性及其相互之间联系的松散性。

综合三种视角，可以发现其讨论的问题不外乎以下四个：①从组织外部和内部来看，组织结构的设计、形成和变革受到哪些要素的影响？对这一问题的讨论形成的范式和理论不妨称为组织设计的要素模型；②在上述要素分析的前提下，组织设计的内容是什么？即组织设计要对组织的哪些构件进行设计？对这一问题的讨论形成的范式和理论不妨称为组织设计的构件模型；③对于一种组织设计的优劣和运行后的有效性如何评价？应该选择哪些标准、如何进行？对这一问题的讨论形成的范式和理论不妨称为组织结构有效性的

---

① Weick, Karl E. (1969). The Social Psychology of Organizing . Reading, MA: Addison-Wesley.

② Weick, Karl E. (1969). The Social Psychology of Organizing. Reading, MA: Addison-Wesley.

评价模型；④在对组织结构有效性进行评价的基础上，若组织的行为结构不能够达到企业组织对其结构有效性的要求，如何对其进行优化和重构，已使行为结构达到结构有效性的要求？对这一问题的讨论形成的范式和理论不妨称为组织结构的优化模型。

第四节　组织与组织设计理论的知识视角

哈耶克对经济决策体制进行了知识视角的分析，认为决策中使用的背景知识是以不完全的、相互矛盾的知识片段形式存在于不同的个体中，因此体制的有效性取决于这种体制能否全面地利用知识。哈耶克认为解决原有计划体制弊端的途径是在强调分权的同时提高交流的程度，从而既保证特定时间和地点的知识得到及时运用，也保证决策者得到进一步的信息，使决策符合较大经济系统的整个变化模式。哈耶克的著名文章引发了对传统的直线制组织结构的批评，以及对于知识和知识管理理论的组织和组织设计、优化、重整问题的探讨。

陈传明教授对知识经济条件下企业组织的结构化改造问题进行了系统、深入的研究，认为在知识经济条件下企业组织的结构化改造需要从三个层面进行，即"旨在整合不同参与者类群间正式关系的制度结构化，旨在整合不同类型的参与者个人间正式关系的层级结构化以及旨在整合作为类群或个人的参与者之间非正式关系的文化结构化"。在制度结构化改造层面，陈传明教授认为，知识正变为最重要的资源，企业内部的权利关系正朝向知识拥有者的方向变化，企业的制度结构正从"资本的逻辑"转向"知识逻辑"。权力派生于知识特别是协调知识利益（经营成果的分配）由知识的拥有者所控制正逐渐成为后工业社会或知识社会的基本特征。在层级结构化改造层面，陈传明教授认为知识经济条件下的企业层级结构特征体现为一种网络化的层级结构，这种结构主要表现出如下主要特征，第一，在结构上是由各工作单位组成的联盟，而非严格的等级排列；第二，企业成员在网络组织中的角色不是固定的，而是动态变化；第三，企业成员在网络结构中的权力地位不是取决于其职位（因为职位大多是平行的，而非纵向排列的），而是来自他们拥有的不同知识；从根本上来看，网络结构是适应型的、学习型的组织结构。同时，陈传明教授认为，网络化的层级结构是集权和分权的统一、稳定与变化的统一以及一元性与多元性的统一。在文化结构化改造层面，陈传明教授认为正在到来的知识经济将改变工业社会企业文化的基础，从而给企业文化带来以下四个方面的调整：第一，企业文化将成为知识经济条件下企业管理的重要，甚至是主要的手段；第二，企业文化将是人们自觉创造的结果，而不是企业生产经营中的一种副产品；第三，作为人们自觉行为结果的企业文化不是记忆型的，而是学习型的。

杰逊和麦克林提出①，公司的组织问题实际上是信息成本与代理成本的权衡。信息成本是由于决策权不能与专门知识相匹配引起的，代理成本则是由于权力的下放而造成的，包括设计、实现与维护恰当的激励与控制系统的成本，以及由完全解决这些问题的困难所造成的剩余亏损。信息成本的存在要求决策权的下放，代理成本的存在则要求决策权的集中，二者的权衡则形成组织设计与调整问题。要决定分权的最优层次，就需要平衡由劣质信息导致错误决策的成本，以及由不相容目标导致错误决策的成本。詹森和麦克林用图 1-2 表示分权最优层次。

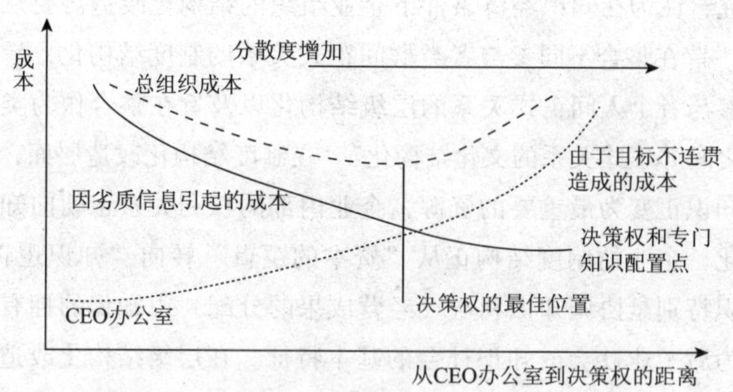

图 1-2　组织设计中信息成本与代理成本的权衡

青木昌彦从企业组织的信息结构与人力资产的策略性互补关系、企业组

① 保罗·S. 麦耶斯. 知识管理与组织设计［M］. 蒋惠工，等，译. 珠海：珠海出版社，1998.

织的信息结构与组织治理结构的策略性互补关系入手对企业组织进行了分析[①]，认为企业基本单元间的信息模式可分为层级分解、信息同化和信息包裹，企业组织层面的信息结构特征则表现为功能层级制、网络一体化功能层级制、层级控制型团队、水平层级制和参与型层级制，这些基于信息结构进行分类的不同的层级结构形式在信息处理能力上存在明显的差异，企业在信息机构的选择上既要考虑企业基本单元间的关系、不同单元需面向的环境的特性，还要考虑企业所拥有的人力资产类型。青木昌彦认为，不同的企业信息结构需要不同的组织治理结构相配合，以保证企业人力资产得以充分发挥和形成，从而使企业的信息结构发挥充分的效力，我们认为，青木昌彦关于企业组织形式的分析包含传统理论所没有的内容，将人力资产和组织治理结构的分析融入组织设计的框架内。由于人力资产的知识决定性，其建立在人力资产分析基础上的企业组织结构观在根本上是一种知识视角。

陈昆玉和覃正对杰逊和麦克林提出的由于组织内知识分布的不对称、知识转移成本的高昂和转移的不可能引发的授权的必要性，以及由于授权产生的委托—代理问题而造成的代理成本引发的集权的必要性之间的授权一集权悖论进行了定量化的模型描绘，并认为解决这种悖论的途径在于组织学习，认为通过组织学习，能促使组织内的知识分布对称化，有利于促使知识成本和代理成本的降低，从而有利于总组织成本的降低和决策效率的提高[②]。陈昆玉和覃正还认为随着组织学习的深化，组织内知识分布对称化的结果，使组织寻求决策权配置次优的弹性变革，组织授权与控制的冲突得到减缓。同时组织学习对组织内知识分布的改变，使决策权的配置不再遵循层次逻辑，而是按个人实际拥有的默示知识来配置，并且随着组织学习的深化，这种配置状态会不断改变。

---

① 青木昌彦．比较制度分析［M］．周安，译．上海：上海远东出版社，2001.

② 陈昆玉，覃正，企业的组织问题：授权与控制悖论——一种基于知识的分析框架［J］．科学学研究，2002（2）：10.

第二章　知识逻辑下企业组织设计与优化模型构建

知识逻辑下企业组织设计与优化模型的构建基础是知识经济背景下的企业本质，组织设计与优化的目标是使企业组织能够更有效地进行知识的获取、创造与使用。而这种目标的实现必须是针对企业的知识创造与使用机制，根据知识经济背景下企业组织设计与优化的影响要素，有意识地改变企业的组织结构参量、评价组织结构的有效性以及进行合理的优化。因此，本章首先进行知识经济背景下企业本质的讨论，其次对企业的知识创造与使用机制进行分析，最后在对企业组织设计与优化的传统模型的剖析的基础上构建知识逻辑下的企业组织设计与优化模型。

第一节　知识经济背景下企业的本质

一、传统企业理论对企业本质的诠释

从新古典微观经济学对企业提出解释以来，委托—代理理论、交易成本理论、产权理论、合约理论和专业化—协作理论等各自试图对企业的本质提出自己的观点，对企业存在的理由和价值进行不同视角的分析，并从其理论本身蕴含的逻辑出发解释企业组织设计问题。

新古典微观经济学把企业看作一个消耗各种生产要素的生产集，该生产集由一个对生产计划、各生产要素边际产出都具有完全信息的管理者指挥。该管理者也是所有者，追求所有者福利（企业利润或市场价值净现值）最

大化。

委托—代理理论把企业的所有者看作委托人，管理者看作代理人，构成委托—代理关系[①]。由于代理人和委托人的目标函数不一致，同时由于存在信息不对称以及观察成本，代理人会利用自己相对于委托人的信息优势而产生道德风险或逆向选择行为，已使代理人自己的利益最大化。对委托人来说，问题是设计一个同时满足委托人的理性条件以及代理人的理性约束条件和激励相容条件的激励合同以诱使代理人从自身利益出发选择对委托人最有利的行动。

交易成本理论认为使用价格机制来协调交易是有成本的，因此，企业形成的原因是为了节省市场交易费用，而把交易转移到企业内部。同时，企业家协调交易也是有成本的，并且由于交易的空间分布、交易的差异性和交易相关价格变化可能性，随着企业内协调的交易数量增加，协调成本不断增加，因此企业替代市场是有限度的。企业的规模也因此由上述两种成本均衡决定[②]。

合约理论认为企业是众多自私自利的人通过一系列合约而形成的团队，企业是合约结，是充当众多个体间合约集的节点的法律实体。合约理论同样强调现代企业中所有权与经营控制权相分离的特性，并认为公司的各个要素分属与不同的参与人，企业的所有权是个无关的概念[③]。

产权理论把企业看作"产权集"，认为企业的优越性体现在其"通过投入要素所有者的合作，以更好地利用它们的比较优势，并在一定程度上有利于使报酬支付与生产率之间更加一致"。产权理论认为由于团队生产的这种特性，组织设计问题成为如何选择一个适用于每个参与者的报酬结构。由于团队生产所带来的计量问题，使完全准确地计量投入的生产率和报酬不可能，或者成本过于高昂，导致成员的偷懒行为和"搭便车"行为。为减少这种偷懒行为，必须有某个参与者专门作为监督者来检查其他参与者的投入绩效，"选择谁作为监督者"成为组织设计的重要问题，但这同时产生了监督监督者

---

① S. Grossman，O. Hart. An Analysis of the Principal-Agent Probiem . Econometric. 1983.

② The Nature of the Firm. The firm ，the Market and the law. Chicago：the University of Chicago Press.

③ Theory of the Firm：Managerial Behavior，Agency Costs and Ownership Structure.

的问题。产权理论认为企业的合约性和合约的不完全性导致了含义为企业的剩余索取权和剩余控制权的企业所有权的重要性，为此，团队若想得到“帕累托最优”，必须引入一个监督者，并让监督者成为剩余索取者。

专业化—协调理论的主要观点是企业具有一定能力的、完成某些活动的生产实体，其中的代表人物有杨格、斯蒂格勒、彭萝丝和理查德森。值得注意的是，彭罗丝认为企业是在一个管理框架组织下的生产性资源集合体，企业的独特性源于企业所拥有的资源及其资源所能产生的服务之间的差异性。产生生产性服务是一个潜在的，而且使决定企业行动的递增知识得到发展，从而使企业所面临的机会出现差异性。

二、知识背景下企业本质的解读

上述不同的关于企业的理论均以企业为分析对象，以“交易”“合约”“产权”“团队”等为基本分析概念，以静态均衡和动态均衡的分析方法，指出企业的本质或企业存在的价值，并部分涉及组织制度设计或结构设计问题，以求解决企业中除所有者以外的参与者的激励与控制问题。可以发现，这些理论分析的对象是进行物质——产品（包括有形产品和无形产品，该无形产品是服务，并不是知识本身）生产的企业，由此得出企业是对市场（产品市场或资本市场）的替代，替代的是市场的产品交易或资源分配的功能。其中的产品是物质生产的结果，包括有形产品和无形产品，但并没有把知识作为产品对待；其中的资源也并没有把信息和知识作为分析对象纳入资源分析体系中。

随着知识经济时代的到来，对于企业、资源、产品、竞争优势等分析对象的看法应该进行彻底的转变。在知识经济背景下企业的本质或其存在的价值是什么？企业的规模与边界应该如何决定？企业得以维持持续竞争优势的力量从何而来？企业的产品究竟是什么？决定这种产品生产的有效性和高效性的原因是什么？

我们认为，知识经济背景下企业存在的价值在于企业能够比市场更有效和更高效地进行知识的传递、使用和创造，企业在本质上是进行知识生产的实体，企业的独特性源于企业所拥有的知识创造与使用能力的差异性。

知识可分为显性知识和隐性知识，由知识的创造过程和转化规律可以发现，知识在个体的大脑中产生，然后在脑与脑之间传递，从而形成更大量、更综合、更成门类的知识，同时在传递过程中加以使用。一定数量以上的知识必须通过多人的努力才能创造，在这样的创造过程中必然出现传递的需求。知识的传递是有成本的，市场化的传递过程伴随知识的市场交易成本。如果知识在企业内部传递与市场化的传递过程相比成本更低，那么企业在知识传递方面可以代替市场。另外，发生于许多个体之间的知识传递过程在企业内部进行，不可避免地会出现促使传递更有效率的协调问题，以及促使个体更积极地进行知识传递的激励问题，这两类问题使知识经济背景下企业的存在成本出现。在这样的关于企业本质的逻辑下，企业的规模与边界由知识的市场化传递的知识交易成本与知识传递内部化的协调和激励成本共同决定。当企业在知识的生产和传递的横向与纵向整合所带来的内部化成本超过内部化收益时，企业的范围和规模达到其上限。

因为知识经济背景下企业是对市场化的知识交易的内部化替代，使知识经济在这样的逻辑下企业的组织设计与优化问题可归结为：一是设计怎样的机制和结构使个体和组织有能力进行高效的知识传递和生产；二是设计怎样的治理结构使个体组织有动力地进行知识在个体中的创造和在个体之间的传递。

第二节　企业的知识创造机制

一、企业中的知识分类及其特征

关于知识的理论一般从知识的可编纂程度、扩散状态、对现实世界的针对程度这三个维度进行描绘和分类，描绘的结果是如图 2-1 所示的三维空间中的某一点。

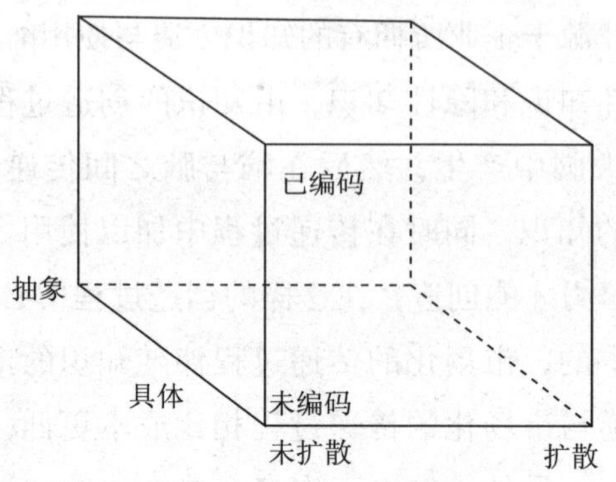

图 2-1　知识的描绘难度

而关于企业的理论从知识的可编纂性出发将知识分为编码知识和未编码知识两大类，或从知识的扩散程度出发将知识分为隐性知识和显性知识两大类。知识社会学认为未编码的知识是不可能在不失去所述体验的本质的情况下以书面形式记录或储存的知识，编码知识则是可以储存或书面记录而不招致不应有的损失的知识。对企业而言，编码知识是系统的知识，可在组织内和组织间传递，编码知识容易被学习和模仿，而一旦被模仿，企业在此知识上的收益将大幅度下降，建立在此基础上的竞争优势也将逐步丧失，企业必须将所拥有的编码知识加以下意识的保护；而个人未编码知识可包括心智模式和技能，是组织知识创造的起点，而个人未编码知识向组织编码知识的转化是组织知识创造的关键。个人未编码知识是企业知识资本的重要基础及构成，但在个人知识阶段，其表现为人力资源，表现为一种必须附着于人的资本形式，或者说是一种潜在的资本形式。而组织编码知识，作为具有物质表现形式的组织专门知识，是企业知识资本的现实形式。

企业关于隐性知识和显性知识的分类，实际上是对企业知识层面的分类，涉及知识是由个体拥有还是由组织拥有的问题，等同于未扩散的知识和已扩散的知识的分类。所谓显性知识即已扩散的知识，是可以和其他个体分享的知识，而所谓隐形知识，即未扩散的知识，是所在个体头脑中的知识，之所以未扩散是因为其难以表述即难以编纂，或者是因为拥有这种知识的个体具有将其不予扩散的动机。如果要在企业内部促进隐性知识向显性知识的转化，必须针对知识不能够扩散的两个原因，或者从技术角度促进隐性知识的编纂、为隐性知识的编纂提供技术平台，或者从治理结构角度促进个体具有将隐性知识显性化、将其无保留地进行向外传递的动力。

存在于不同主体层面、具有不同特征的知识决定了其在企业中的扩散方式和使用方式，从而从根本上影响企业在整个组织层面的知识创造和使用能力。从知识类型转化的角度来看，企业的知识创造和使用机制实际上是知识在企业的个体和组织层面的知识转化问题，因此，知识逻辑下的企业组织设计与优化问题是设计和优化怎样的知识传递结构和治理结构从而有利于这种转化的问题。

二、企业知识创造的两个层面：个体与组织

如前文所述，知识经济背景下企业的本质是一个知识创造系统，知识和信息在这个系统中流动并在流动过程中得到发展和使用。明确知识和信息如何在企业组织系统中流动并如何在流动过程中发展使用，即明确企业的知识创造机制是设计能够使知识流动和发展更有效的系统的前提。

我们认为企业的知识创造机制的本质是作为知识的社会学习周期局部化的企业学习周期，即新知识在企业形成的信息空间的周期性运动，这个周期性的运动过程可分为6个阶段：审视—解决问题—抽象—扩散—吸收—影响。审视阶段在特殊的个人或小群体中进行，通过这一阶段个人和小群体获取并拥有表现为数据结晶形式的单一的、带个人特点的知识；解决问题阶段仍然发生在个体中，在这一阶段，审视阶段的单一的、带个人特点的知识在形式上获得确定的形态和外形，实际上是对获取的知识的整理过程；抽象阶段同样发生在个体中，在这一阶段，个体对整理过的知识在其效用的适用范围方面加以延伸，并对延伸过后的知识加以概括。这三个阶段均为发生在企业中的个体层面，是个体对知识的获取、整理和创造过程。

企业学习周期的扩散阶段超越个体层面而发生在整个企业组织或企业中的一些群体中，在这一阶段中，企业中更多的个体获得上述阶段中所创造的新知识；吸收阶段发生在企业个体层面，在这一阶段中企业个体对新创造的知识通过反复使用而内部化，并在很大程度上成为隐性知识；影响阶段发生在企业组织的层面，这个阶段和扩散阶段一样，需要企业组织层面的整合力

量参与才能更加有效，在这一阶段中，新知识嵌入具体实践和实际的人工制品中。

知识的创造机制从知识形式上看是不同知识形式之间的转化，从动态过程上看是个体的知识创造、知识在组织中的传递、扩散和使用以及知识通过使用在个体中的再创造的过程，从包含的主体层面来看分为个体和组织两个层面，而且知识的创造是在个体层面进行。企业的知识创造和使用过程是知识的内部化过程，是知识的延伸化和集体化过程，是知识在企业中的扩散过程，是知识的具体化和实物化过程。因此，知识经济背景下企业运作的本质是知识的获取、创造和使用过程。

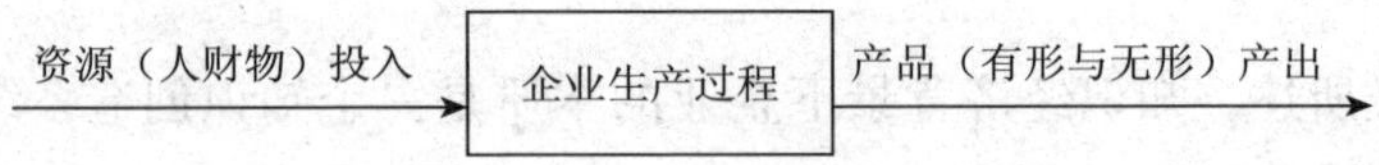

资源（人财物）投入 → 企业生产过程 → 产品（有形与无形）产出

图 2-2　对企业运作模式的传统理解

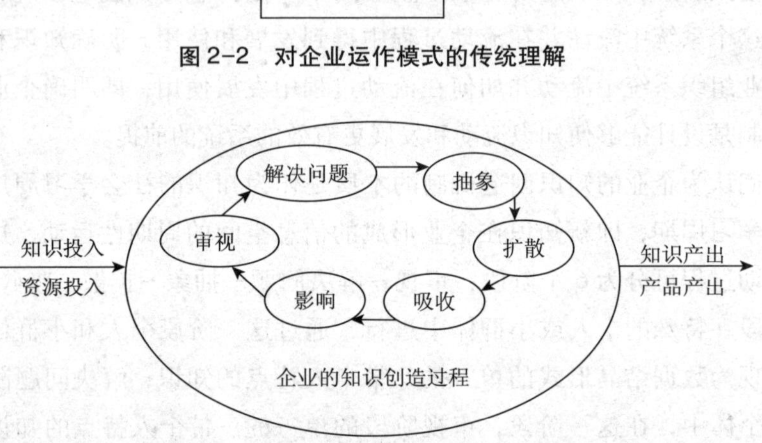

图 2-3　对企业运作模式的知识逻辑理解

大多数的组织知识研究者认为，个体是知识创造的主体，组织内的知识最初往往表现为个人未编码的知识和技能。它们通过组织学习，通过成员间的沟通与对话，实现个人知识的整合，形成组织知识及其知识资本。组织知识理论的重点是强调如何将个人知识转化为组织知识，以及组织知识的有效管理。

三、企业知识创造与使用的四个关键环节：知识获取、个体创造、知识扩散与知识转化

经过上文的分析，可以将企业知识创造与使用的全过程总结为：外部知识获取→个体吸收→隐性化→延伸→知识编码→组织扩散→个体应用→知识转化为人工产品。若对这个过程加以描述上的简化，则可以表示为：知识获取→个体创造→知识扩散→知识转化。本书认为，简化后的企业知识创造与使用过程的组成部分就是企业知识创造与使用的关键环节，知识逻辑下的企业组织设计与优化应针对这四个环节进行。

企业的知识获取环节可以通过两种方式实现，或通过拥有企业所需知识的新个体的引入，或通过企业原有个体对企业所需知识的有意识学习。采用何种方式取决于新个体的可得性与适应性、原有个体的学习能力、企业的学习平台、企业在学习与个体引入成本方面的权衡以及企业对待这个问题的管理导向等，这不在本书的讨论范围之内。我们认为，企业不能总是通过引入新个体的方式解决企业对新知识的需求，所以对企业通过原有个体对企业所需知识的有意识学习的方式有在本书中研究的必要。企业通过这种方式在这一环节所获取的知识抽象程度高、编码程度高，一般为不能立即在企业使用的通用知识，必须通过后续环节转化为企业的专门知识后才能在企业中使用。企业通过后一种方式完成知识获取的效率取决于何种原因，成为企业组织设计与优化过程在这一环节所关注的问题。我们初步认为，企业参与外部知识获取的员工数量与组织形式、参与外部知识获取的员工的学习能力与学习动力是影响企业外部知识获取效率的直接原因，是知识逻辑下的企业组织设计与优化可能加以改变和影响的因素。

知识在个体大脑中的转化过程，是将从外部获取的通过知识加以专门化和隐性化的过程，是知识在企业中创造和使用的必需的、在个体层面进行的环节。这一环节在企业个体的大脑中进行，其过程不能够加以监督，同时因为知识转化的结果与个体的人力资产的形成有关，涉及资产的专用性问题，因此这一环节的效率与成就不仅取决于这一环节所涉及的个体的知识转化与创造能力，更加取决于这一环节所涉及的员工个体的知识转化与创造的动力

问题，而如何影响员工个体进行知识创造与转化的动力是企业组织设计的重要问题。同时可以看到，企业的外部知识获取和知识创造这两个不同的环节是否在同一群体中进行，如果不在同一群体中进行，则不同群体之间的知识传递方式任何、群体的个体差异和结构差异如何等问题会对企业知识创造与转化的效率造成直接和深远的影响。

企业的知识扩散环节是经个体创造和转化后的知识向企业需要将这些知识进行运用的个体和群体进行传递的过程，是在个体之间即脑与脑之间进行的环节，涉及员工个体和企业组织两个层面，这一环节的效率高低直接影响企业对前一环节所创造和转化的知识的使用效果。在这一环节中，知识扩散的对象是哪些个体和群体、扩散过程使用怎样的技术手段、扩散过程的知识编码程度有多高、由哪些个体成为扩散源、扩散是否经过中间环节、经过哪些中间环节、作为扩散源的个体是否有动力进行知识的扩散、作为知识接收者的个体是否有动力进行知识的接收等问题，是这一环节是否有效率的直接影响因素。其中，知识扩散所经过的渠道结构和渠道长度、作为扩散源的个体和作为接收者的个体的知识传递动力大小是企业组织设计能够影响和必须加以影响的内容。

企业的知识转化过程是将知识加以应用，从而转化为人工产品的过程，不同于知识在个体大脑中由通用知识向专门知识的转化过程。企业的知识创造过程与知识创造价值能否在市场上得到承认与实现，完全取决于这个环节。因此，有学者的知识的审视→解决问题→抽象过程称为知识的价值创造过程，而将知识的扩散→吸收→影响过程称为知识的价值应用过程。我们认为，企业知识向人工产品的转化环节的效率取决于同时作为知识接收者和知识使用者的员工个体是否有能力和是否有动力将所接收的知识加以理解和延伸为其岗位的专门化知识，其能力与其自身的人力资产特征根本相关，而其动力则与作为企业的组织设计结果之一的治理结构紧密相关，由企业的组织设计与优化的思路、方法和路径决定的企业组织设计结果能够、同时也必须对上述个体的知识吸收、延伸和应用的能力和动力进行根本性的影响。

第三节 知识逻辑下的企业组织设计与优化模型

一、传统的企业组织设计与优化模型分析

企业的组织设计与优化问题历来是管理研究中的热门问题，对组织设计与优化模型的描述也散见于前辈学者的相关文献中。本书认为，Arie Y. Lewin 和 Carroll U. Stephens 关于企业组织设计的模型描述具有代表性，见图 2-5。该模型虽然是两位学者在分析 CEO 在组织设计中所起作用过程中使用的模型，但我们认为该模型应看作对传统企业组织设计与优化问题的总结模型，其中 CEO 的作用不过是研究者所增加的一个组织设计影响要素。从该模型以及其他关于企业组织设计与优化的文献对传统的企业组织设计与优化问题做出分析，可以得出下面的结论：

（1）传统的企业组织设计与优化模型包括组织设计与优化的影响要素、组织设计的内容、对组织结构关键要素的描绘、组织结构有效性结果的评价以及组织设计与优化过程等内容，完整的组织设计与优化应该是对上述内容的整合。

（2）传统的企业组织设计与优化模型的基础是有关企业本质的传统认识，尤其是企业的产品生产特征，因此，企业组织设计与优化模型的各部分内容是建立在该基础之上的，均反映产品生产过程有效性和产品市场竞争有效性的要求。

（3）传统的企业组织设计与优化模型关于影响要素的部分从企业的产品生产和竞争特性出发，将影响要素分为组织的结构性要素和关联性要素，其中结构性要素包括环境、目标与战略、技术、规模与文化等，结构性要素包括组织的规范化、专业化、标准化、权力层级、复杂性、集权化、职业化和人员比率等内容。

（4）传统的企业组织设计与优化模型中关于组织结构定义的三个关键要素是：①组织结构决定了正式的报告关系，包括层级数和管理者的管理跨度；②组织结构决定企业组织中如何由个体组合成部门，以及如何由部门组合成

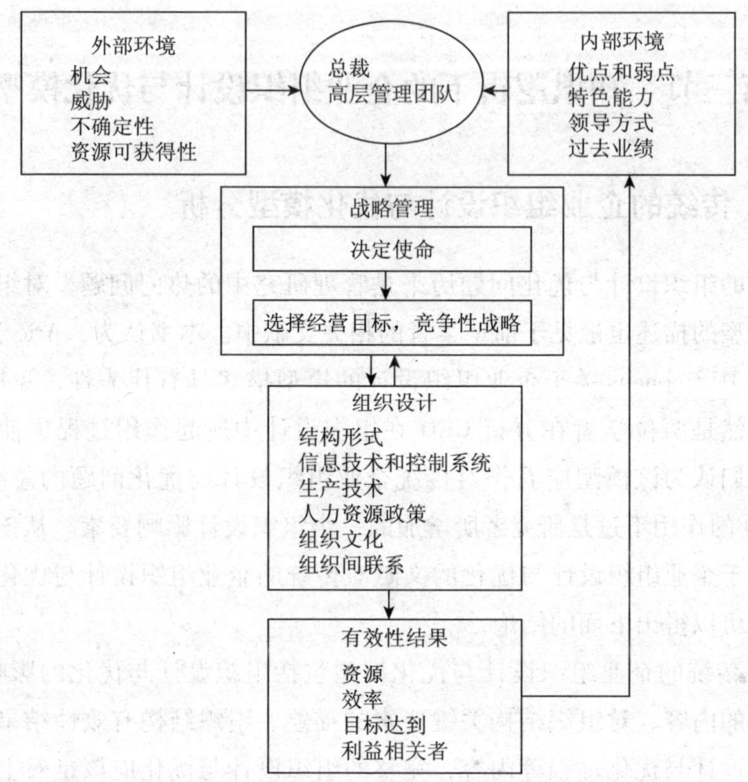

图 2-4　高层管理者在组织方向、设计和有效性方面的作用

组织；③组织结构包含一整套系统，以保证跨部门的有效沟通、合作与整合。这同时也决定了传统模型关于组织结构的整体设计包含的内容是：必要的工作活动、报告关系以及部门组合。

（5）传统模型中关于组织机构有效性评估的方法一般是针对企业活动过程的不同环节使用系统资源方法、内部过程方法、目标方法以及利益相关者方法构建针对不同环节的指标体系对不同环节的有效性进行评价后，得出组织结构的有效性结论，但传统模型在对组织结构的有效性的贡献从组织有效性指标中进行分离时，比较难以实现。

（6）传统模型关于企业组织机构的调整问题一般不使用“优化”一词，而多使用“变革”“再造”“重新设计”等用语。我们认为，传统模型在企业组织的优化问题上要么过于集中问题的某一方面而不及其余，如集中于企业组织结构中纯理性要素的业务流程再造；要么将问题过于泛化，如全面包括企业组织理性要素和非理性要素、从而不能对其过程和结果进行很好掌控的企业变革。这都反映传统模型不能很好地对企业组织优化问题的对象和范围进行界定，也就不能很好地解决这一问题。

二、知识逻辑下的企业组织设计与优化模型

建立在知识经济背景下企业本质基础上的组织设计与优化模型在组件上与传统的企业组织设计与优化模型相同，亦即由组织设计与优化的影响要素、组织设计的内容、组织结构有效性的评价以及组织的结构优化四部分组成（见图 2-5）。我们认为，知识逻辑下的企业组织设计与优化模型在形式上与传统模型具有相似性，是因为无论在何种企业本质和何种组织视角下企业组织设计与优化问题的内容是相同的，即都是进行组织结构的设计、结构有效性的评价以及结构优化，而作为这三者的基础是对企业组织设计影响要素的分析。但应该看到的是，不同的企业本质假设和不同的组织视角改变了企业组织设计与优化的目标，也改变了的企业组织设计与优化问题的分析角度，同时也改变了企业组织设计与优化模型组件的实质内容（见图 2-6）。

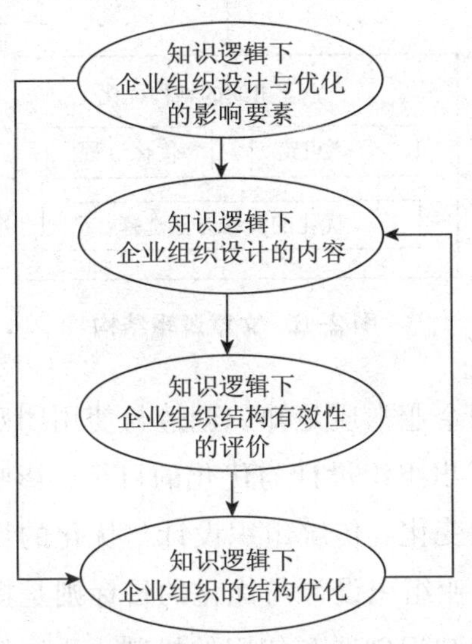

图 2-5　知识逻辑下的企业组织设计与优化模型框架

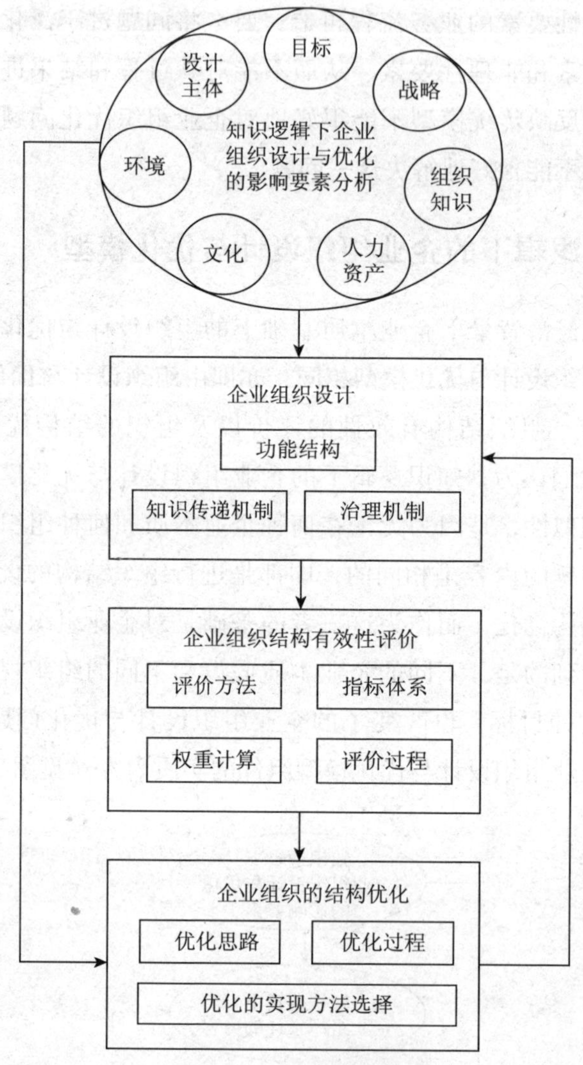

图 2-6 文章逻辑结构

知识经济背景下的企业本质是知识创造与使用团队，从企业知识创造和使用的有效性出发推导出组织设计与优化的目标、影响要素、内容、评价系统和优化方法的根本性变化。传统组织设计与优化的目标是提高产品生产的有效性，知识逻辑下企业组织设计与优化的目标则是提高企业知识创造和使用的有效性，即从企业知识创造和使用的机制入手，针对知识获取、个体创造、知识扩散和知识转化等企业知识创造和使用的关键环节进行企业组织结构参量的调整，从而使企业更有效地进行知识创造和使用过程。

我们认为，本书构建的知识逻辑下的企业组织设计与优化模型与传统模型有以下不同：

（1）模型中蕴含的关于企业本质和企业组织设计与优化目标的认识不同，从而使知识逻辑下的企业组织设计与优化模型所包含的组织设计、结构有效性评价和结构优化的思路根本不同于传统模型。

（2）因上述思路的不同，知识逻辑下的企业组织设计与优化模型的影响要素部分包括设计主体、环境、目标、战略、组织知识、人力资产、文化和惯例 8 个要素，从而将外部知识、企业内部个体和组织层面的知识、企业的知识创造与使用机制、企业目标与市场战略对企业知识创造与使用的要求、非理性因素对企业知识创造与使用机制的影响、企业的人力资产类型与组织结构的互补性关系、企业员工个体有关企业知识创造与使用的能力和动力等企业知识创造与使用的相关内容进行新框架下的有效整合。

（3）同样因为关于企业本质的认识与传统逻辑根本不同，知识逻辑下企业组织设计与优化模型关于组织设计的内容上与传统模型根本不同。知识逻辑下企业组织设计的关键参量不再是工作活动、报告关系和部门组合，而是边界设计、知识团队、知识传递机制和治理机制。其中边界设计是关于企业获取外部知识的方式、知识团队是企业内部关于知识创造和使用的分工与整合问题、知识传递机制是企业中不同层面与不同方向的知识传递与沟通问题，而治理机制则是关于如何进行剩余控制权和剩余索取权的配置以使参与者更有动力进行知识的创造、传递以及使用。

（4）知识逻辑下的企业组织结构有效性评价与传统模型不同。传统模型从对企业生产的传统认识出发，在企业组织结构有效性的评价问题上采用分解的方法论，即将企业的活动全过程分解为资源投入、内部活动与过程以及产品和服务产出三个阶段，而且在评价过程中多偏重其中的某一环节，不能很好地将组织结构对企业活动的有效性进行评价。本书关于知识逻辑下的企业组织设计与优化问题的新模型则将企业的知识活动作为一个整体进行评价，并考虑知识活动过程中能够反映其效果以及决定其效果的相关的定量与定性指标作为评价的依据，从而为组织结构的优化提供方向性的指导。

（5）传统逻辑下的组织优化思路要么只考虑纯理性要素，要么包含内容太多，而知识逻辑下的企业组织优化则以企业的知识创造和使用有效性改善为目标，将企业组织中的理性因素和非理性因素整合考虑，即以组织中的结构性因素如边界特征、知识团队、知识传递与治理机制的调整作为主体部分，同时将组织文化与组织惯例等影响企业知识创造和使用有效性的非理性因素也纳入新模型中关于组织结构优化的考虑框架。

第三章　知识逻辑下企业组织设计与优化的影响要素分析

本章作为知识逻辑下企业组织设计与优化问题的影响要素分析部分，在对传统模型关于影响要素的理论进行讨论的基础上，首先从单个要素入手，分析知识经济背景下环境、设计主体、企业目标、战略、组织知识、人力资产、组织文化和组织惯例等要素对企业组织设计与优化造成的单独影响；其次，将各要素的对企业组织设计与优化的影响加以综合分析，从而提出针对不同要素状态的组织设计与优化的指导性框架。

第一节　传统模型关于影响要素的理论分析

传统理论关于企业组织设计与优化的影响要素的论述，包括理性系统视角、自然系统视角以及开放系统视角，在要素构成上的看法是一致的，即组织的环境、企业的目标与战略、技术、规模以及企业文化是企业组织设计与优化的五大影响要素。传统理论的不同视角在要素构成上存在比较一致的观点，但在单个要素的描述维度、要素对企业组织设计与优化的独立影响的方式和程度以及要素对企业组织设计与优化的综合影响的方式和程度上则存在比较大的差异。

一、关于环境的分析

传统理论认为组织环境是存在组织环境之外的并对组织具有潜在的或部分影响的所有因素，而对组织环境的分析多集中于与组织相互作用和对组织实现其目标的能力具有直接影响的部分。传统理论关于环境的论述可以归结为下面的内容：

（1）组织与环境的联系通过组织对环境的信息需求和资源需求、组织的产品投入环境中两方面实现。强调环境是资源的储备的有关研究关注组织为获得必不可少的资源而依赖其他组织的程度，重视环境信息面的有关研究则关注组织面临的不确定性的程度。不确定性和依附性都是组织面临的来自环境的问题，前辈学者也都提出了处理这些问题的结构性的应对方法。

（2）对环境的描述维度集中于环境的复杂性和稳定性两方面。复杂性指与组织经营有关的外部因素的异类性与不相似性，而一个环境领域如果经过较长的一段时间仍然保持不变就具有比较高的稳定性。环境变化的程度与环境的复杂性共同决定了环境的不确定性（见图 3-1）。

环境变化	简单	复杂
稳定	简单+稳定=低不确定性 1.少数外部因素并且这些因素是类似的 2.因素保持相同或变化缓慢	复杂+稳定=中低不确定性 1.大量外部因素，并且这些因素是相似 2.因素保持相同或变化缓慢
不稳定	简单+不稳定=中高度不确定性 1.少数外部因素并且这些因素是相似的 2.因素变化频繁并且不可预期	复杂+不稳定=高度不确定性 1.大量外部因素并且这些因素是不相似的 2.因素变化频繁并且不可预期

图 3-1　判断环境不确定性的框架

（3）组织与环境的关系是相互依赖的循环。从组织结构开始，决策者确定组织运作的范围，选择为怎样的消费者提供怎样的产品。组织范围的选择会极大地影响所需信息的种类，同时，信息系统的建立产生了注意力结构，注意力结构有助于组织参与者对相关环境的建构——设定性环境的产生。反向来看，客观环境直接对设定性环境产生影响，环境因素控制注意力，并影响组织的信息系统，同时会影响组织活动领域的界定。（见图 3-2）

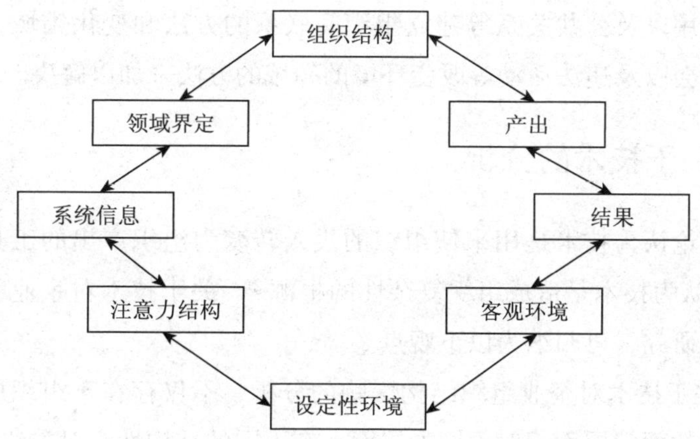

图 3-2　组织与环境的关系：相互依赖的循环

（4）组织通过调整职位和部门设置、建立缓冲部门、加强边界跨域、调整部门之间的差别与整合的程度、加强管理过程的有机性以及进行机构性模仿来适应环境的不确定性。（见图 3-3）

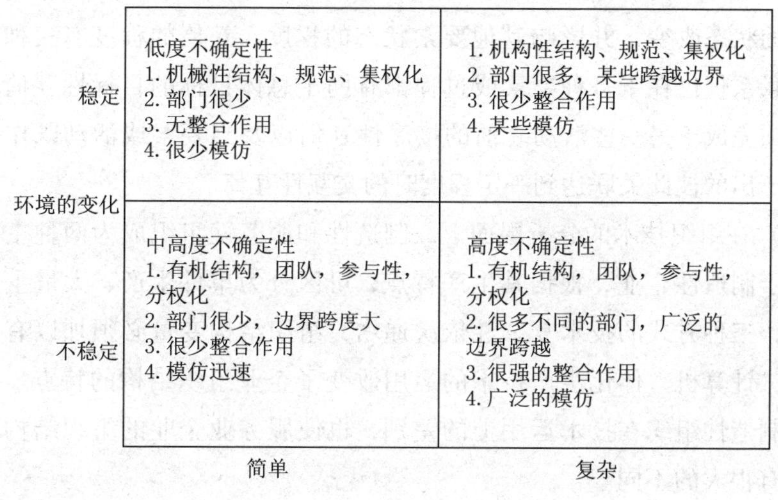

图 3-3　组织应对环境不确定性的权变性框架

（5）组织对环境的资源依附性问题一般不是通过组织结构方面的调整来解决，而是通过诸如获得所有权，建立正式战略联盟、实行合作或交叉董事会、经理聘用以及公共关系等建立组织间联系的方法和变化领域、政治性活动、贸易协会以及违法活动等改变环境的领域的方法来加以解决。

二、关于技术的分析

传统理论认为技术是用来使组织的投入转变为组织产出的工具、技能和行动[①]，并认为技术是造成组织复杂性的根源[②]。关于技术对企业组织结构设计与优化的研究，可归纳为以下观点。

（1）关于技术对企业组织结构影响的分析，不仅存在于组织层面，在存在于组织中的部门层面，对不同的层面，有不同的结构性应对方法；

（2）对于组织层面的技术，有三个关键的描述维度，即复杂性和多样性、不确定性或不可预测性以及互倚性[③]。复杂性或多样性是指组织必须同时应付的不同项目或要素的数量，包括产品的多重性和客户化，以及投入的多样化等。不确定性或不可预测性指工作项目或要素的变异性，或可能提前预知其行为的程度。互倚性指完成的项目或要素与工作过程本身相互联系，从而使某要素的状态改变，并影响其他要素状态的程度。互倚的程度有三种：工作的相互联系仅仅在于每种要素或过程都有助于总体目标的目标性互倚、某些活动必须完成于另一些活动之前的接序性互倚以及当要素或活动既作为投入又作为产出的彼此关联达到一定程度时的交互性互倚。

（3）在组织技术的分析层面上，制造性和服务性组织成为两种主要的形态。对于制造性企业，根据其生产特点，可区分为单件生产、大量生产和连续生产，三种方式的技术复杂性依次递增，组织结构变量必须加以有针对性的调整。计算机一体化生产技术的运用改变了企业组织结构的特点。服务性组织与制造性组织在技术运用上的差别，也使服务业企业的组织结构形态与制造业有很大的不同。

（4）对于部门技术，使用多样性和可分析性两个维度进行描述，并在两

---

① Charles Perrow, A Framework for the Comparative Analysis of Organizations, American Sociological Review 32 (1967): 194-208.

② W. 理查德·斯格特 著，黄洋 等译，《组织理论》，华夏出版社，2001.

③ W. 理查德·斯格特 著，黄洋 等译，《组织理论》，华夏出版社，2001.

个维度的描绘基础上对部门技术的性质加以分类（见图 3-4）。

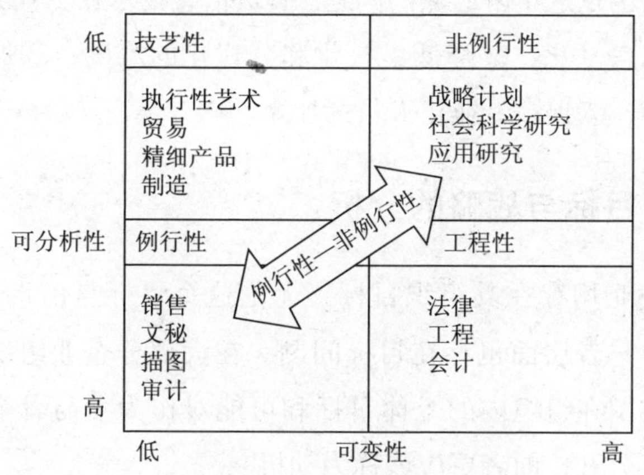

图 3-4　部门技术分析框架

（5）部门技术的性质与一系列的部门结构特点相联系，在很大程度上决定部门的结构。不同的部门技术性质与不同的部门结构特点相对应（见图 3-5）。

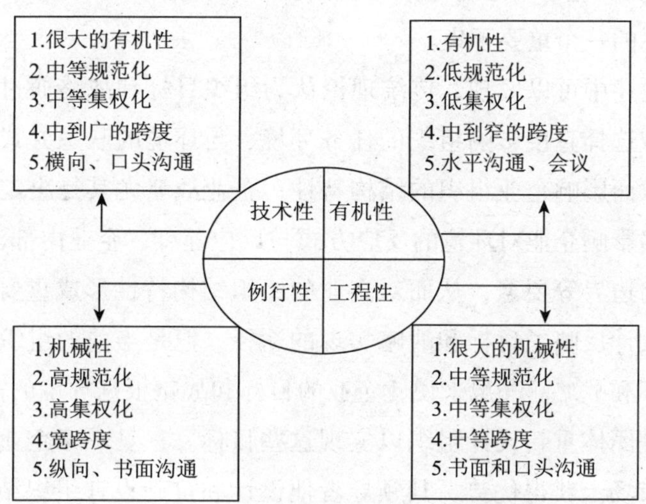

图 3-5　部门技术与结构特点的对应关系①

① 根据 W. 理查德 · 斯格特 著，黄洋 等译，《组织理论》，华夏出版社，2001，第 69 页关于部门设计的内容整理。

(6) 信息技术作为技术中的单独变量被加以分析，高级信息技术对企业组织结构的影响也是近年来的热门问题。高级信息技术在下列方面影响组织结构：①组织结构扁平化；②降低集权化和分权化的难度；③加强协调性；④增加工作的弹性；⑤提高专业化人员的比率。

三、关于目标与战略的分析

任何一个企业均存在其组织目标，无论这个目标是由谁来确定。同时，在企业的个人参与者层面也存在目标问题。在大部分企业组织中，应该把控制参与者加入或留在组织内的个体目标和可能对作为参与者个体决定产生影响的组织目标区分开，前者更应该称为动机①。

钱德勒②把战略定义为“企业基本的长期目标和目的决策性、行为路线的采纳以及这些目标所必需的资源的分配。”这样的战略定义的基本焦点集中在外部：组织与环境的联系，同时其区分了两类目标：领域的选择（我们应该从事什么行业）；竞争姿态的选择（我们应该如何竞争）。可见，战略可以被视作组织目标的一个重要子集。

从上述论述中可以发现，传统理论认为组织目标和战略通过影响企业组织的经营领域选择直接影响组织的任务环境、与环境的联系方式以及企业的技术特性，从而影响企业组织的结构特性；企业战略尤其是决定竞争姿态选择的竞争战略影响企业对环境的反应方式与反应速度、企业内部活动的组织、企业的规模与边界等要素，从而对企业的组织结构特性形成重要的影响。应该说，组织设计反映了目标和战略实现的途径，但是当前的组织设计也约束和限制着目标和战略。一般来说，企业的目标和战略根据环境的需要而选定，然后最高管理团体重新设计组织以实现这些目标。一旦一家企业确立了一项战略以期在市场上获得优势，其领导者便设计和重新设计组织结构，从而协调组织行为，以最优方式来获得该优势。

---

① simon, Herbert A. (1976). Administrative Behavior (3rd ed). New York: Macmillan.

② Chandler, Alfred D., Jr. (1962) Strategy and Structure: Chapters in the History of the American Industrial Enterprise. Cambridge, MA: MIT Press.

如果一家企业采用集中化战略，即只向有限的市场提供一种和少数几种产品和服务，此时组织目标强调内部效率和技术质量，宜采用集中的职能式结构。如果企业的战略趋向多元化，多样化经营造成的主要问题在于产生了日益增长的复杂性和不确定性，而只有超越经理人的信息处理和决策能力之外的能力水平才能解决这些问题[①]，这时组织发展成一种分权的、事业部式结构，以通过清楚地区分由公司总部掌握的长期政策决策和由公司分部决定的短期实务性决策来简化信息环境和决策环境的过程。如果一个企业同时面临提高内部效率和增强外部适应性的需要，则组织会发展成为双向报告式的矩阵结构。

四、关于规模的分析

大部分传统理论认为参与者人数是反应组织规模的指标，规模被视为一种能造就和决定其他结构变量的独立变量。规模对组织结构特点的影响集中在下面诸方面：

（1）组织规模的变化影响组织的科层化程度，即影响组织行政部分的相对规模。由于组织行政部门的参与者可区分为管理型、职业和技术型以及一般办事员型[②]，行政部门的组成性质由不同参与者类型的数量和比例决定，组织规模对组织的科层化程度影响的方向与程度不同。

组织规模通过正向影响组织的结构分化程度，包括职业分类数目、等级层次数目以及组织的空间分布等，使组织在结构上趋向复杂化。同时，组织规模的扩大也可能意味着同一类型中更多操作行为的出现，从而是管理部门的规模相对缩小。

（2）组织规模影响组织的形式化[③]和集中化程度。组织规模与企业的形

① Williamson. Oliver E. (1975). Markets and Hierarchies: Analysis and Antitrust Implications. New York: Free Press.

② Rushing, William A. (1966). Organizational Size and Administration, Pacific Sociological Review, 9 (Fall).

③ 形式化可定义为在独立于职位占有人的个体特征之外，角色和关系被详细说明的程度。形式化在概念上基本等同于规范化。

式化指标之间存在不太明显但相当连续的正相关①，而与企业的集中化指标存在反向的相关性②。组织规模对组织形式化和集中化程度的影响取决于在进行组织设计时进行工作分工、等级间协作，还是进行较低程度的分工，并让具有较高技能的个体参与者或具有自我管理能力的团队承担工作责任。

（3）组织规模与组织结构的关系的包含企业生命周期与组织结构适应性的问题。传统理论认为，组织结构、领导体制及管理制度的形成在企业生命周期各阶段上具有相当程度的可预测性。企业生命周期理论认为③，企业组织的发展可分为创业阶段、集体化阶段。规范化阶段以及精细阶段，针对不同的阶段组织在组织管理体制上具有不同的特点（见表3-1）。

表3-1　组织在生命周期四个阶段上的组织特点

特点	企业主制非官僚制	集体化前官僚制	规范化官僚制	精细强官僚制
结构	非规范性，个人表现	基本上非规范，有某些程序	规范性程度，专业化程度高	官僚制中的团队工作，小公司思维
产品和服务	单一	有差别	产品或服务线	多产品或服务线
奖励与控制系统	个人，家长式	个人，服务与成功	非人际交流，规范化的系统	广泛性
创新	由业主—管理者	由雇员和管理人员	由独立的创新团队	由机构化的R&D
目标	生存	成长	内部稳定，扩大市场	名誉，完备的组织
高层管理方式	个人制，企业主制	激励忠诚，指明方向	控制型委派	团队方法，抨击官僚制

五、关于文化的分析

文化是为一个组织中所有参与者所共享并作为公理传承给组织新成员的

① Hall, Richard H., J. Eugene Haas, and Norman J. Johnson (1967). Organizational Size, Complexity and Formalization, American Sociological Review, 32: 903-912.

② Blau, Peter M., and Richard A Schoenherr (1971). The Structure of Organizations. New York: Basic Books.

③ Larry E. Greiner, Evolution and Revolution as Organizations Grow, Harvard Business Review 50 (July-August 1972): 37-46.

一套价值观、指导信念、理解能力和思维方式①。传统理论认为，文化既是企业组织设计的重要影响要素，其形成与改变也受到企业组织设计结果的深刻影响。应该看到的是，知识经济时代到来之前的企业文化和对企业文化的认识不可避免地带有传统工业社会的烙印。这种带有传统工业社会特点的文化是作为企业经营的一种副产品而出现的，基本上反映了企业组织的记忆，是作为一种辅助手段而发挥作用的，是一种一元的企业文化②。

文化在组织中发挥两个关键作用：整合组织成员与帮助组织适应外部环境。文化指导日常工作关系，从而在一定程度上影响企业组织的规范化程度和集中化程度；决定参与者如何在组织内进行沟通，从而影响组织的正式的汇报关系和信息交流结构；决定怎样的行为是可接受的而怎样的行为是不可接受的，从而影响组织工作的分工和协调；以及如何在组织中分配权利和地位，从而影响企业组织中的控制系统设计。文化能够帮助指导参与者的日常活动以实现一定的目标，能影响组织对顾客需求和竞争对手的反应方式，从而影响企业的组织设计结果。

文化不仅作为企业组织设计的影响要素，还作为企业组织设计的目标对企业组织设计发生影响。企业在进行组织设计时必须考虑不同的组织设计结果对企业文化的形成和改变发生的影响，从而有意识地改变组织结构变量对企业文化进行引导。企业的高层管理者甚至可以设置专门的部门和岗位承担企业文化的设计与建设活动，也可以设计专门的机制帮助文化的改变和形成。

第二节　知识逻辑下的影响要素分析

传统的企业组织设计与优化的影响要素架构和分析方法，显然不能适应知识经济背景下企业组织设计与优化问题的需要。首先，二者的逻辑基础——对于企业本质和企业活动实质的认识不同，因此分析的出发点也就不同，

① W. Jack Duncan，Organizational Culture：‘Getting a Fix’ on an Elusive Concept，Academy of Management Executive 3（1989）：229-236.

② 陈传明，知识经济条件下企业组织的结构化改造，《南京大学学报（哲学·人文科学·社会科学）》，2000 年第 1 期，第 37 卷，38-46 页。

从而导致在影响要素的架构上存在不同；其次，由于二者分析的逻辑基础不同，因此即使是相同的影响要素，其描述维度也不同；最后，不同的影响要素或相同要素的不同描述维度，实际上是不同的逻辑下不同要素对企业组织设计问题的作用方式的不同反应。

我们认为，知识逻辑下的企业组织设计与优化的影响要素体系更应该根据知识经济背景下的企业本质与企业活动实质来构建，对各要素的分析与描述应该在一种知识的逻辑下进行，各要素对企业组织设计与优化的影像也应该从这些要素对企业知识的创造和使用效果的影响角度加以分析。

一、环境

如前文所述，鉴于传统组织设计理论对企业组织与环境交互方式的理解，对环境的关注多集中于其不确定性，不确定性的程度由信息的多样化程度和变化程度决定。在知识经济背景下，企业活动实际上是知识的创造和使用过程，结合前文对企业知识创造和使用机制的分析，可以发现企业组织与环境的联系通过四种途径实现：①企业从环境中获取将知识转化为人工产品所必需的资源；②企业从环境中获取作为组织知识创造和使用起点的知识；③企业将作为知识载体的人工产品投放到环境中；④企业将作为组织知识创造终点的知识投放到环境中。这四种途径中与物质资源交换有关的两种，即企业从环境中获取资源和企业将人工产品向环境中投放，对企业组织结构的影响与传统背景下对企业组织结构的影响相同，不再多加分析。而企业从环境中获取知识和将知识向环境中投放，则是传统组织理论中所没有分析的内容。

从知识的角度分析环境，我们使用下面的维度对环境做出描述：①知识的数量，即企业组织需从环境中获取的知识数量的多少；②知识的多样性程度，即企业组织需从环境中获取的知识种类的多少；③知识的变化程度，即企业组织需从环境中获取的知识的更新速度；④知识的编码程度，即企业组织需从环境中获取的知识的已编码程度和可编码程度。

从知识角度出发的对环境进行描述的四个维度的变化，会从不同方面对企业的组织结构变量造成影响。环境知识数量的多少影响企业的知识活动分工，从而对企业组织的结构分化造成影响。环境知识数量越多，则集中于环境知识获取的结构力量就越强。环境知识的多样性程度不仅影响企业进行环境知识获取的力量强度，还影响企业用于进行知识获取力量结构。环境知识越趋向于多样化，则企业用于环境知识获取的组织结构部门则应该越细化以便实现于环境知识的多样化获取。环境知识的变化程度对企业组织用于环境知识获取的力量确定与结构、组织对企业的环境知识获取部门的治理结构有重要的影响，环境知识变化越快，则企业组织用于环境知识获取的结构部分则应该力量越强、更具有机性。环境知识的已编码程度对企业组织的知识获取部分的力量与结构要求不同，而环境知识的可编码程度不仅对企业组织的知识获取部分的力量与结构提出不同的要求，还对知识获取后的扩散环节的活动能力和活动结构提出了不同要求。显然，环境知识的已编码程度越高，则企业组织用于知识获取和环境知识扩散的力量和结构要求就越低；若环境知识的已编码程度较低，而可编码程度较高，则对企业组织用于环境知识获取的力量和结构要求较高，但对企业用于环境知识扩散的力量和结构的要求则较低。

二、目标与战略

传统组织设计理论中关于企业目标与战略对组织设计与优化的影响的分析思路，是分析企业目标与战略的变化怎样对企业活动提出不同的要求，从而影响针对不同企业活动要求而设计的组织结构。知识逻辑下的企业组织设计与优化针对的是知识经济背景下的企业活动——知识的创造与使用，所以在知识逻辑下对企业目标与战略如何对组织结构参量造成影响，要首先对企业目标与战略如何影响企业知识创造与使用活动的变化作出分析。

传统的使用生存、发展、内部稳定以及声誉对企业日标选择进行描绘，使用波特的一般战略分类——总成本领先、差别化以及集中化对企业战略选择进行描绘，其描绘的结果用于分析不同目标和不同战略对企业组织结构的不同要求。这种关于目标与战略的分类方法能够区分企业传统活动的差异性，但在区分企业知识活动差异性上则无能为力。企业知识活动的差异在于获取多少知识、获取怎样的知识、进行多少知识创造、创造怎样的知识、进行多少知识传递、传递什么样的知识、使用什么知识、使用什么样的知识以及怎样对这个过程进行协调和控制。

我们认为，使用寻求不同市场地位与市场表现而形成差异的战略分类方法，即将企业战略分类为市场领先者战略、市场挑战者战略、市场追随者战略以及市场补缺者战略，除同样能够囊括企业的战略姿态以外，在分析上具有两大优势：①这种战略分类方法隐含了企业目标的描绘，而且在对企业目标的把握上比传统的定性和定量描绘方法更容易、更准确；②这种分类方法基础上的不同战略对企业的知识活动造成的影响更显著。

战略确定企业活动的领域，从而确定企业知识活动的大致方向，直接改变企业构建于知识活动基础上的组织结构。因此，在同一领域中的企业表现出组织结构的相似性。如果在其他影响要素相同的前提下，同一领域中的企业组织结构的差异性则是由于不同的市场战略引起的。比较同一领域中的市场领先者、市场挑战者、市场追随者以及市场补缺者，由于其满足的是及其相近的需求，在知识活动上存在相似性，同时由于或者要比竞争者创新的更多（市场领先者、市场挑战者）、更快（市场领先者、市场挑战者），或者要花费更多的管理注意力于寻找市场空缺（市场补缺者），或者更多的知识活动是模仿而不是主动创新（市场追随者），从而导致使用不同战略的企业在知识活动上存在很大的差异性。

另外，企业的目标和战略也通过影响企业的一体化程度而影响企业知识活动的内容与规模，进而影响企业的组织结构设计。纵向一体化程度较高从而包含产业链较多环节的企业组织的知识活动内容要显著地比纵向一体化程度较低的企业丰富，这首先在于包含较多产业链环节的企业活动本身需要更复杂的知识来完成；其次，包含更多产业链环节的企业活动更多地需要知识在企业内部不同的环节之间进行传递；最后，这些更复杂的知识和更多的知识传递需要企业更多的协调功能。企业横向一体化程度的高低既影响企业知识活动的规模，也影响企业对知识活动的协调程度，进而影响企业的组织结构设计。

三、组织知识与人力资产

任何企业组织要完成其赖以生存和发展的知识创造和使用活动，既需要从企业外部获取一定数量和具有一定特点的知识，又需要企业自身具备一定的知识状态。企业自身拥有的知识既有编码程度较高、可以脱离参与者个体而存在的显性知识，也有未编码、存在于个体大脑中的隐性知识。对于企业而言，真正需要企业通过组织结构进行安排和协调的是隐性知识，安排和协调的结果是隐性知识的不同空间分布的状态，这种状态应该就是能够反映企业组织知识特点的组织知识状态。企业的组织知识状态的构成有怎样的规律和特点，受哪些因素的影响，与企业的组织结构设计与优化有怎样的关系，是企业组织知识与组织结构互动影响分析的主要问题。

企业的知识状态是由参与者个体隐性知识经组织的结构化整合后形成的，既与个体参与者本身的隐性知识特点有关，也与企业的组织结构有关。任何企业组织中的任何活动，包括“夫妻店”中的最初级的体力活动都包含只是使用的因素，如果活动稍许包含一点变化的要素，则活动就上升到知识创造的层面。青木昌彦认为①，个体参与者的活动就是运用一定的智力程序或认知机制，推断环境状态，预测行动结果，以及为解决问题而做出决策。智力程序由一系列“规则”构成，这些规则一种是参与人用来从认知投入品（获取的编码知识或未编码知识）形成对相关处境的解释性判断的认知规则，一种是参与者用来将解释性判断转换成相关行动变量的选择的决策规则。我们认为，这两种规则都是个体参与者拥有的知识，对这些知识创造和使用的过程是企业组织知识层面创造和使用的重要构成内容。青木昌彦②将拥有这些具有人力资本性质的“规则”构成的心智程序的个体分为个人型人力资产和背景取向型人力资产，并认为人力资产的类型与企业的组织结构选择存在策略性互补关系。

个人型人力资产即可从一个决策层级转移到另一个决策层级的人力资产多适宜于功能层级型的组织结构，而背景取向型人力资产则是与一个组织紧密联系在一起的人力资产，适宜于水平层级型的组织结构。因此，知识经济条件下的企业组织结构设计受到外界的人力资产类型的制约。可以发现，某

① 青木昌彦，《比较制度分析》，上海：上海远东出版社，2001.

② 青木昌彦，《比较制度分析》，上海：上海远东出版社，2001.

行业中人力资产类型的形成与该行业流行的组织结构类型根本相关。人力资产类型与企业组织结构的选择存在明显的决策性互补关系，企业的组织结构也因此具有一定的路径依赖型。

人力资产的类型影响企业组织结构的层级化程度和职能分化的程度，同时也影响企业组织沟通的方式和频度，从而影响企业组织纵向和横向沟通结构的设计。应该说，人力资产类型仅仅是从个体层面对组织知识进行描述的一个维度。另外，由于企业知识活动的需要，个体知识应该形成怎样的配合关系——知识空间的分布、知识的传递特征等，企业任何对某些权力进行怎样的分配，会极大地影响不同参与者个体知识发挥的能力和意愿，也会直接影响企业必需的知识传递活动的能力，这实际上会极大地改变企业组织的治理结构。因此，组织知识的规模、个体知识的种类、人力资产的类型，是企业内部知识影响企业组织结构的三个维度。

四、企业文化

知识经济背景下的企业文化既是企业组织结构设计的一个原因，也是企业组织结构设计的一个直接目标。它与传统条件下的企业文化在特征、在企业中的作用与形成机制上均存在很大的不同，进而在对企业组织结构的影响上也发生很大的变化。

知识经济条件下的企业文化将会呈现下面的特征①：第一，企业文化将成为知识经济条件下企业管理的重要，甚至是主要的手段；第二，企业文化不再是企业生产经营中的一种副产品，而是人们自觉创造的结果；第三，作为人们自觉行为结果的企业文化主要不是记忆型的，而是学习型的；第四，企业文化将在强调主导价值观与行为准则的同时，允许异质价值观和行为准则的存在。

企业文化的这种新特征既能够满足知识经济条件下企业组织结构新特征的要求，也要求企业组织结构进行适当的调整来加以形成。企业文化一

① 陈传明，知识经济条件下企业组织的结构化改造［J］．南京大学学报（哲学·人文科学·社会科学）2000（1）：38-46.

旦成为企业组织管理的主要手段，企业管理中枢就可以不再使用严格的等级制度统一指挥和控制整个企业的活动，而可以实行各工作单元也是决策中心的分级化管理机构。在这种情况下，实际上是企业文化在影响各工作单元在不同时空的行为方向、内容及方式的选择，而管理中枢主要通过信息的提供去影响、引导和协调这些单元的决策以及决策的组织实施。此外，知识经济条件下企业文化的多元化特点能够满足企业在结构上的多决策中心的要求。与集中化决策的层级结构不同，多决策中心的组织结构允许具有决策权的自主工作单元在企业知识创造与使用过程中表现出个性化的行为方式。

具有知识经济特征的企业文化不是企业活动的副产品，而是需要企业主动地进行创造，因为各决策单元的亚文化存在差异性，这种多元化的企业文化仅靠企业高层管理者的个人行为方式的影响是不可能在企业中形成的；知识经济背景下企业的活动本质决定了企业文化是一种学习型文化，同时决定了企业文化的形成必须通过一定的组织机制才能够形成；企业文化形成对组织机制的要求是企业组织机构的设计的直接的驱动要素。

第三节　知识逻辑下的要素综合影响分析

在上文对单个要素影响企业组织设计与优化的分析基础上，有必要分析要素的交叉影响关系。我们认为，知识逻辑下企业组织设计与优化的影响要素框架中的环境、目标与战略、组织知识与人力资产以及企业文化对企业组织设计与优化的综合影响可表现为图 3-6。可以对图 3-6 进行下面的解读：

（1）知识逻辑下企业组织设计与优化的目标是提高企业组织结构的有效性，从而从组织结构上保证与促进企业目标的实现，企业目标是通过企业的知识创造与使用从而创造知识经济背景下企业的价值来实现。

（2）知识逻辑下的企业组织设计与优化问题是解决“企业做什么”与“企业做好什么”的问题。

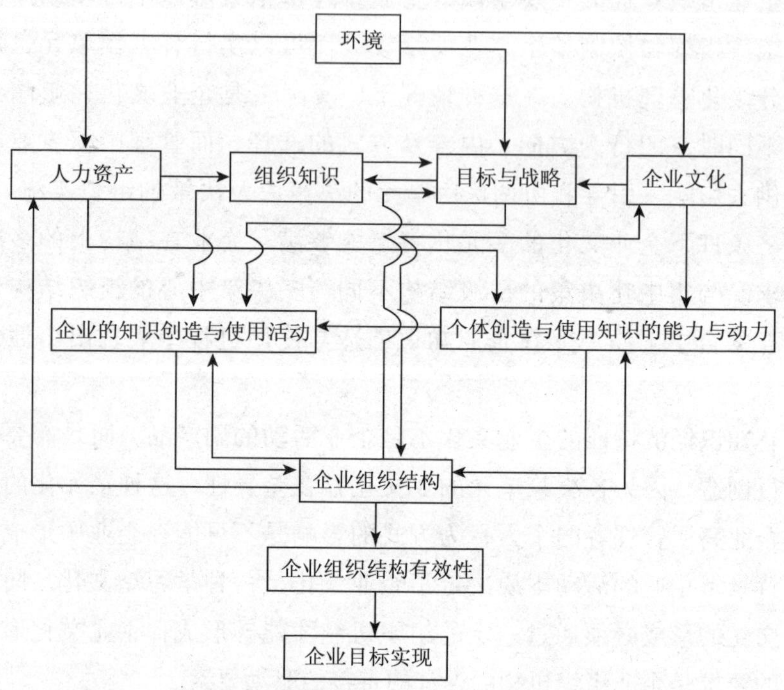

图 3-6 知识逻辑下企业组织设计与优化的要素综合影响

（3）企业知识创造与使用活动的结构构建与组织管理在根本上反映“企业做什么”，在很大程度上决定“企业能不能做好”。同时，个体参与者的创造与使用知识的能力和动力也是决定“企业能不能做好”的又一要素。有效的组织结构应该既能够保证企业知识创造与使用活动的运行，又能够保证个体参与者的知识创造与使用能力的充分发挥，并按照企业知识创造与使用活动的要求加以提高。

（4）知识逻辑下的企业组织设计与优化通过改变组织结构变量来调整企业的知识创造与使用活动、影响个体参与者创造与使用知识的能力和动力。

（5）企业的一般环境与任务环境、组织知识（决定企业实力）、企业文化共同决定企业的目标与战略，企业环境也对企业可得的人力资产的类型、企业文化的特征造成显著的影响。

（6）人力资产类型与企业的目标和战略共同决定企业组织知识的规模、

类型与结构特征，组织知识的规模、类型与结构特征进而同企业目标与战略以及个体参与者创造与使用知识的能力与动力共同决定企业知识创造与使用活动的内容和必需的特点。

（7）人力资产类型决定个体参与者在某种组织结构类型中的知识创造与使用能力，而企业文化作为非理性因素影响个体参与者创造与使用知识的动力。

（8）企业组织结构也会直接影响企业目标与战略的选择、企业文化的形成和改变以及人力资产类型的形成与改变，组织结构与这三个要素形成策略性互补关系。

第四章　知识逻辑下的企业组织设计分析

本章将在前文对知识逻辑下企业组织设计与优化影响要素分析的基础上，构建知识逻辑下的企业组织设计架构，随后对该架构中的知识逻辑下的组织设计内容——功能结构、知识传递机制和治理机制进行分析和设计，从而解决知识逻辑下的企业组织设计问题。

第一节　知识逻辑下的企业组织设计模型构建

陈传明认为，企业组织的结构化过程是企业成员在企业活动中互动关系模式的形成、作用和发展的过程，并把企业组织的结构化分为旨在整合不同参与者类群间正式关系的制度结构化，旨在整合不同类型的参与者个人间正式关系的层级结构化以及旨在整合作为类群或个人的参与者之间非正式关系的文化结构化[①]。从知识逻辑的角度来看，组织设计与优化的过程是企业成员在企业组织的知识活动中互动关系的形成和发展过程。依据前文对知识经济背景下企业本质的分析，企业成员在知识活动过程中的互动关系是参与者个体和类群所拥有的知识的分工、使用、创造和传递关系，以及在知识活动基础上所形成的权利和利益关系。具体来看，上述关系包括以下方面：①知识在个体参与者层面和类群层面的创造和使用，这种关系的合理进行必须建立在整个组织知识活动过程的合理分工和协调的基础上，因为这是企业组织知

① 陈传明．知识经济条件下企业组织的结构化改造［J］．南京大学学报（哲学·人文科学·社会科学），2000（1）：38-46.

识活动得以进行的主题架构，所以我们把知识逻辑下组织设计中的这部分内容称为功能结构；②在企业组织知识活动的主体架构基础上，知识活动的有效性有赖于知识在组织和外部环境之间、知识在参与者个体之间、知识在参与者个体和类群之间以及知识在类群之间的有效传递，知识逻辑下的组织设计必须对这一问题加以有效的解决，我们称为知识传递机制；③在企业组织知识活动的主体架构基础上，知识活动的有效性还有赖于个体参与者对上述活动的主动性程度。这种主动性主要由组织设计中的激励机制决定，其既包括决策权和利益的分配，又包括企业文化的引导。我们把这一问题的解决称为治理机制。

因此，知识逻辑下的企业组织结构可分为旨在整合参与者个体和类群间的知识分工、使用和创造过程的功能结构，旨在整合参与者个体和类群间知识传递过程的知识传递机制以及旨在整合参与者个体和类群间的知识活动基础上的权力和利益关系的治理机制。

在我们所提出的知识逻辑下企业组织设计的上述三部分内容中，功能结构作为企业组织知识活动的主体架构出现，而知识传递机制则是构成功能结构的系统基元间的知识传递的方式和方法，治理机制则对系统基元的权利和利益关系加以协调和整合。

从企业组织设计的原因和目标来看，与传统企业组织设计方法建构在对传统制造或服务生产活动之上不同，知识逻辑下的企业组织设计的原因和目标是知识经济背景下的企业活动本质——知识的创造与使用活动。知识逻辑下企业组织设计的目标就是合理组织企业知识的创造与使用活动、发挥个体参与者最大的创新潜能，从而为实现知识经济背景下的企业价值提供组织结构有效性上的保证。

为实现知识逻辑下的企业组织设计目标，必须向两个方向努力：一是将企业的知识创造与使用活动合理地组织起来，二是让企业知识创造与使用活动的个体参与者的知识学习、使用与创新潜能得到最大的发挥。沿着第一个方向，必须解决下面的问题：

（1）企业知识活动的内容是什么？这由企业的既定战略决定，涉及企业的边界确定；

（2）如何将企业的知识创造与使用活动进行合理的分工？分工的程度怎样？以及如何在分工的基础上进行合理的组合，以便进行任务单元的设计？

（3）如何设计任务单元间的协调关系？我们认为，问题 1—3 的解决可称为企业组织结构中的功能结构问题；

（4）为使企业的知识创造与使用活动可以运行，组织与外界如何解决知识传递问题？

（5）出于同样的原因，任务单元之间应该怎样进行知识的传递？

（6）同样，任务单元内如何进行知识的沟通和交流？我们认为，问题 4—6 的解决可称为企业组织结构中的知识传递机制问题。

沿着第二个方向，实际上是解决企业知识创造与使用活动的个体参与者的激励问题，这一问题又可细化为下面的问题：

（7）怎样将企业的权力束与企业内知识的分布合理搭配，以最大限度地降低知识传递成本、激励拥有关键知识的参与者以及使个体参与者有意愿形成企业所需类型的人力资产？

（8）怎样将企业文化的生成与改变机制融入企业的组织结构设计中，以通过具有知识经济背景特点的企业文化的引导作用使个体参与者的知识创造与使用潜能得到最大的发挥？我们认为，问题 7—8 的解决可称为企业组织结构中的治理机制问题。

根据这样的分析，知识逻辑下的企业组织设计模型就可以构建为图 4-1 中所描绘的内容：

我们认为，按照这样的思路所设计的企业组织结构在本质上是一种学习型结构。这种结构设计思路中功能结构所组织的对象就是知识的“获取→创造→扩散→使用”这样一个组织学习过程，知识传递机制又从企业边界的知识渗透、单元间以及单元内的知识交流层面促进组织的学习，治理机制则保证个体参与者学习的意愿与组织氛围。

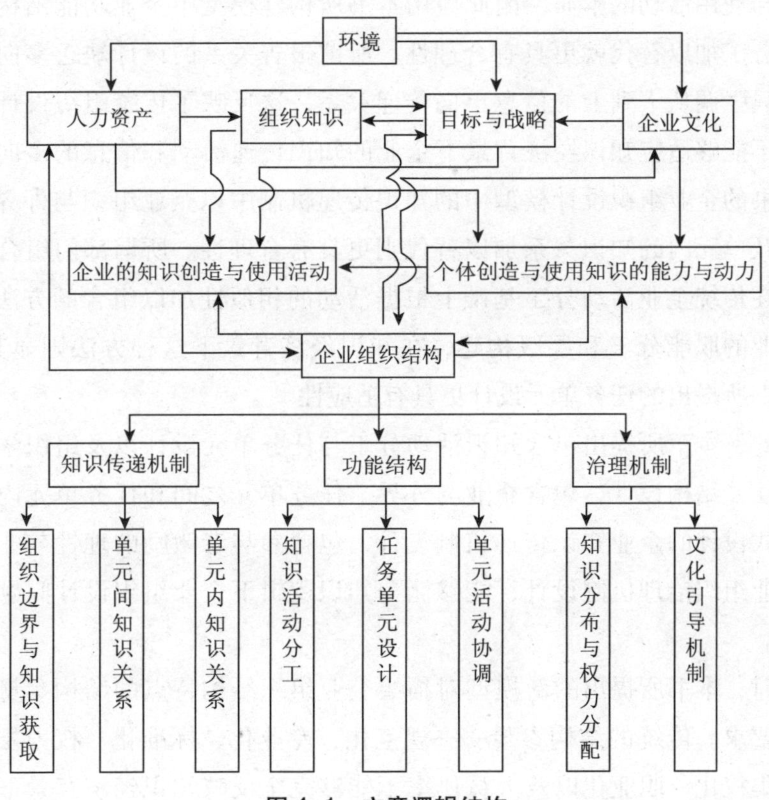

图 4-1　文章逻辑结构

根据第三章的分析，环境、企业目标与战略、组织知识与人力资产以及企业文化以不同的方式和程度影响企业组织结构的选择。可以推断，没有一种最优的组织结构形式可以与上述结构影响要素出现的不同状态相契合，只有选择能够满足知识经济背景的组织结构参量并根据上述要素的不同状态加以合理组合，才能设计出可以实现结构有效性目标的知识逻辑下的“合适”的企业组织结构，知识逻辑下的企业组织设计必然是一种权变的方法。

传统企业组织设计理论认为组织结构参量是工作活动的安排、报告关系以及部门组合方法，反映结构特点的指标则是规范化、专业化、标准化、权力层级、复杂性、集权化、职业化以及人员比率。这种观点有其符合传统经济特点的合理一面，但不能够适应知识经济背景的要求。所谓工作活动的安排是指基于传统企业产品或服务生产活动分工基础上的安排，掩盖了企业知识创造与使用活动的本质，因此使用本书所构建模型中企业功能结构中的知识活动分工加以替代就更具有合理性。所谓报告关系的设计缺乏多向沟通的思路，只强调从下到上的信息单向传递关系，这反映了传统组织设计的层级观点，不能够适应知识经济背景下企业的知识传递活动和信息的多向沟通要求，本书的企业组织设计模型中的知识传递机制中以企业组织与外界、单元之间以及单元内的知识关系加以替代则更具有合理性。所谓部门组合方法的选择是在传统企业活动分工基础上根据活动的相似性加以组合的方法，其前提是企业的职能分工和层级构建，在知识经济背景下这种方法则显其僵化，不如本书所提出的任务单元设计更具有适应性。

因此，本章所提出包含知识活动分工与任务单元设计以及组织学习机制的企业功能结构设计，包含企业与外界、任务单元之间和任务单元内的知识传递方式设计的企业知识传递机制设计，包含参与者激励的理性与非理性方式的企业组织治理机制设计，能够涵盖知识逻辑下企业组织设计问题的各方面要求。

同时，本书所提出的新模型对描绘企业组织结构特点的结构参量也提出了替代要求。传统的结构参量——规范化、专业化、标准化、权力层级、复杂性、集权化、职业化以及人员比率不能够完全反映知识经济背景下企业组织结构的特点，能够反映新背景下组织结构特点的参量体系将在第五章中加以讨论。

第二节　功能结构分析与设计

知识经济背景下企业知识创造与使用活动的复杂性不同，其知识活动分工的结果也必然不同。同时由于企业面对的环境、选择的目标与战略、可得的人力资产类型以及组织知识与企业文化也可能存在显著的不同，导致企业在任务单元的设计和单元活动之间的协调方式上也存在不同的选择。也应该看到，单一业务企业和多业务企业在组织设计上必然存在不同的规律和结构选择，有必要进行特别的讨论。无论组织设计的影响要素如何不同，知识经济背景下的企业竞争优势提升的驱动力在于组合学习。因此，将组织学习机制融入企业的组织结构机制中，也是功能结构设计的必要部分。

一、知识活动分工与任务单元设计

1. 企业知识创造与使用活动分工

典型的传统企业活动分工方法是基于企业的生产活动和物流顺序，按照生产及其辅助活动的相似性和差异性加以分割（见图 4-2）。

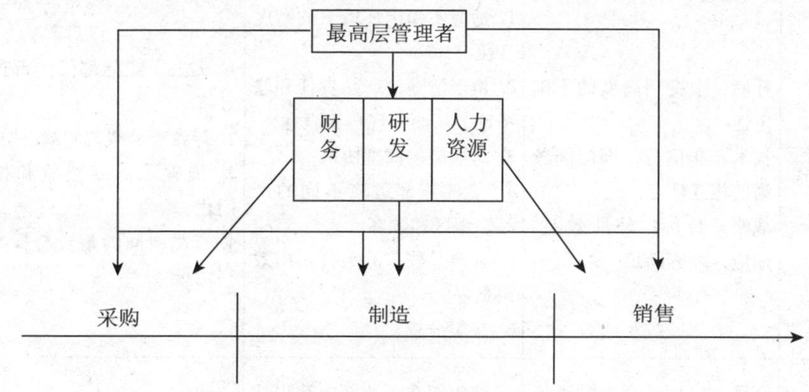

图 4-2　传统的企业活动分工与部门设计

图 4-2 中的采购、制造与销售活动是企业的价值创造与实现的主线，财务、研发与人力资源管理是这一主线得以完成所必需的辅助活动，最高层管理者则对主要活动和辅助活动进行协调和控制。由于整个活动分工与组织过程遵循的是传统生产活动组织的思路，这种活动分工与部门设计的方法所形成的部门之间的关系为最高管理者协调下的平行、独立、缺乏沟通的关系，部门内则是部门管理者协调下的沟通参与者之间的平行独立关系。在这杨分工与部门设计的基础上，企业组织结构呈现职能化、事业部式、混合式以及矩阵式结构。这些不同的组织结构类型具备不同的关联背景，也具有符合其结构特征的优劣势（见表 4-1）。

表 4-1 不同组织结构类型的优劣势

结构类型	关联背景	优势	劣势
职能式	环境：较低的不确定性 技术：例行，较低的相互依存 战略、目标：内部效率、技术质量	1. 鼓励部门内规模经济 2. 促进深层次技能提高 3. 促进组织实现职能目标 4. 在小到中型规模下最优 5. 一种或少数几种产品时最优	1. 对外界环境变化反应较慢 2. 可能引起高层次决策堆积、层级超负荷 3. 导致部门间缺乏横向协调 4. 导致缺乏创新 5. 对组织目标的认识有限
事业部式	环境：中度到高度的不确定性 技术：非例行，部门间较高的相互依存 战略、目标：外部效益、适应，顾客满意	1. 适应不稳定环境下的高度变化 2. 由于清晰的产品责任和联系环节从而实现顾客满意 3. 跨职能的高度协调 4. 使各分部适应不同的产品、地区和顾客 5. 在产品较多的大公司中效果最好 6. 决策分权	1. 失去了职能部门内部的规模经济 2. 导致产品线之间缺乏协调 3. 失去了深度竞争和技术专门化 4. 产品线间的整合与标准化变得困难
混合式	环境：中度到高度的不确定性 规模：大 技术：例行或非例行，职能间一定的依存 战略、目标：外部有效性，适应，顾客满意	1. 使组织在事业部内获得适应性和协调，在核心职能部门内实现效率 2. 公司和事业部目标更好的一致性效果 3. 获得产品线内和产品线之间的协调	1. 存在过多管理费用的可能性 2. 导致事业部和公司部门间的冲突
矩阵式	环境：高度不确定性 技术：非例行，较高的相互依存 规模：中等，少量产品线 战略、目标：双重核心——产品创新和技术专门化	1. 获得适应环境双重要求所必需的协作 2. 产品间实现人力资源的弹性共享 3. 适于在不确定环境中进行复杂的决策和经常性变革 4. 为职能和生产技能改进提供机会 5. 在拥有多重产品的中等组织中效果最佳	1. 导致员工卷入双重职权之中，降低人员的积极性并使之迷惑 2. 意味着员工需要良好的人际关系技能和全面的培训 3. 耗费时间，包括经常的会议和全面的培训 4. 来自环境的双重压力以维持权力平衡

在对企业的知识创造与使用活动进行分工的过程中，知识活动如何与生产活动相结合？以生产活动为主，还是以知识活动为主？我们认为，不同企业赖以存在的基础不同，其知识创造与使用活动在企业活动中所占的比重也不同。一家将制造环节外包、集中于研发和营销的企业与一家以 OEM 制造为主的企业相比，前者的知识创造活动明显比后者多得多，后者的知识活动则以知识使用为主。因此，有必要根据企业知识活动的特点进行分类。任何企业必须包含辅助性活动如财务、人力资源、公共关系等，在这些活动中的知识创造与使用上几乎不存在本质差异，能够产生差异的是与人工产品生产有关的知识活动。

按照这些活动的差异，企业可分类为：①知识活动包括与产品生产有关的知识的获取、创造与传递的企业，其创造的知识定向地传递给制造企业，其知识活动以学习和创造为主，特点是非惯例性；②知识活动包括与产品生产有关的知识获取、扩散与使用的企业，其使用的知识定向地来自某一个组织，其知识活动以学习和使用为主，特点是例行性；③知识活动涵盖与人工产品生产有关的知识的获取、创造、扩散与使用全过程的企业，即集研发、制造、营销等环节于一体的典型传统企业，在知识经济背景下也是典型的企业类型，其知识活动既包括学习和创造，也包括使用，在某些环节上呈现非例行性，而在另一些环节上则呈现例行性特点。我们首先选取典型企业进行知识活动的分工（见图 4-3）。

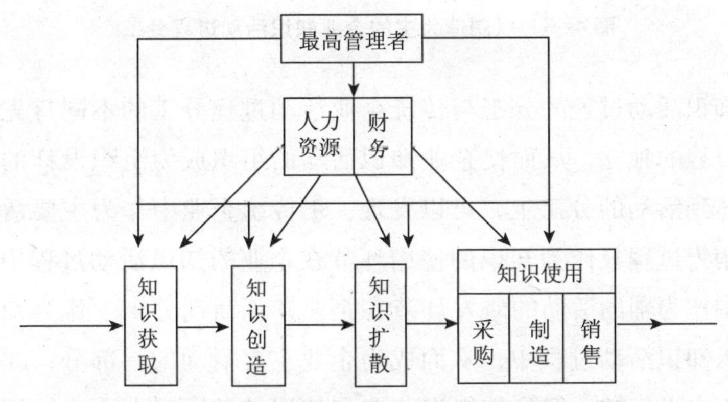

图 4-3　知识经济背景下典型企业的知识活动过程分工

其余两种类型的企业的知识活动过程分工如图 4-4 和图 4-5 所示。

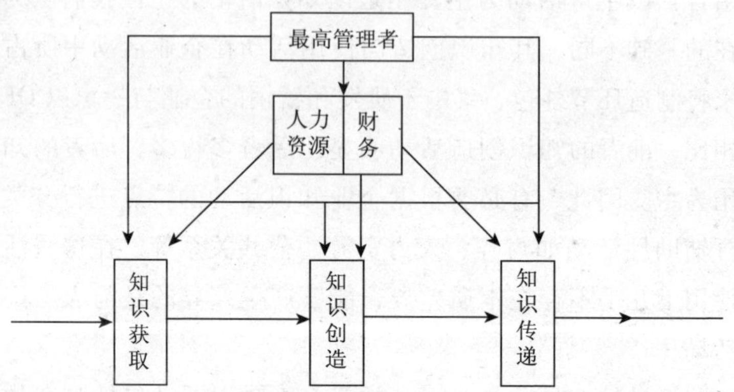

图 4-4 无制造过程企业的知识活动过程分工

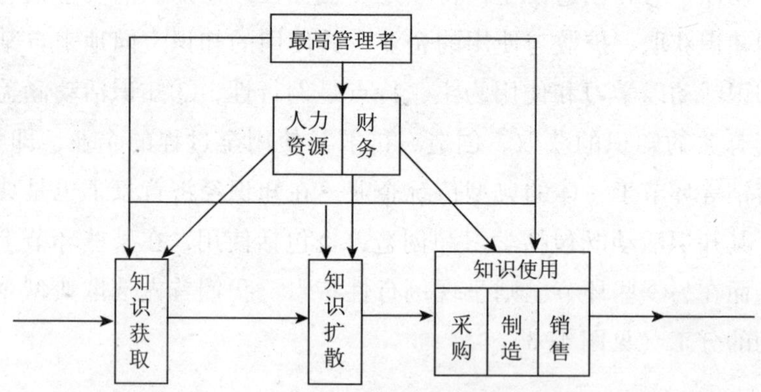

图 4-5 以制造为主的企业知识活动过程分工

企业知识活动过程的分工与传统企业活动过程分工的不同首先在于企业知识活动过程的独立，从而使企业知识活动的组织成为组织设计的出发点和目标。具体到活动的分工上，可以发现：①传统企业中作为主要活动的采购→制造→销售过程只作为知识的使用环节在企业的知识活动过程中出现；②传统企业中作为辅助活动的研发环节在企业知识活动分工中作为知识创造的一部分渗入知识活动过程中，从而成为企业主要活动的一部分；③在传统企业活动分工中没有被注意到的知识获取和知识扩散活动在企业知识活动分工中作为必要的功能被独立出来。知识逻辑下的企业活动分工方法既能够反映知识经济背景下的企业本质和价值源泉，又能够兼顾企业存在所必须蕴含的人工产品的生产过程，可以成为知识逻辑下的企业活动过程组织的基础。应该说，作为上述对企业知识活动分工的结果，其细分程度不足以由个体参与者承担，但由经过有意设计的任务单元来承担是完全可以的。

2. 任务单元及其协调关系设计

任务单元及其协调关系设计的目标在于使上述进行分工后的企业知识活动的各个部分得以进行，并在一定的协调关系下为相同的企业目标提供努力。任务单元的设计既包括单元承担的功能设计，也包括单元内部结构的设计。在上述分工的基础上，我们对知识经济背景下典型企业的任务单元进行如图4-6所示的设计。同样，图4-4和图4-5所表示的两类企业也可以进行相应的任务单元设计。

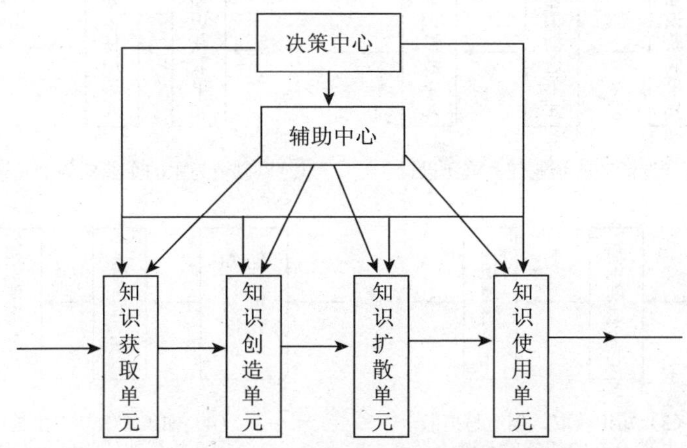

图4-6　基于企业知识活动的典型任务单元设计

图4-6中的任务单元设计思路是将上下文经过分工的知识创造与使用活动对应建立任务单元，应该看到，由于企业组织设计的关联背景不同，可以对其进行以面的调整：①由于在知识获取单元和知识创造单元之间存在很高的知识传递成本和由于知识的编码过程中存在的失真可能，那么如果两个单元对人力资产类型、参与者知识能力的要求相近，知识获取单元和知识创造单元就可以合并为一个单元；②由于知识创造单元经由知识扩散单元将知识

向知识使用单元进行传递，增加了知识由创造单元到扩散单元和知识由扩散单元到使用单元的传递成本，以及可能存在的知识失真问题，可以考虑将知识扩散单元取消，而直接由知识创造单元承担知识的扩散功能；③如果知识扩散单元不能够取消，则存在与辅助单元中的人力资源功能合并的可能，即知识创造单元可先将知识传递到辅助中心中的人力资源部分，在由其向知识使用单元传递；④由于知识使用单元的活动在内容、规模以及复杂性上存在不同，也可以将单元内部的活动进行进一步的细化，设计单独的任务单元。如同由于企业所选择的战略领域不同而导致企业知识活动存在差异性，从而会出现其知识活动分工的结果不同一样，上述调整也是由于不同的关联背景而出现的权变性结果。由于不同的企业类型和不同的管理背景造成的不同任务单元设计结果如图 4-7 所示（只表示知识活动）。

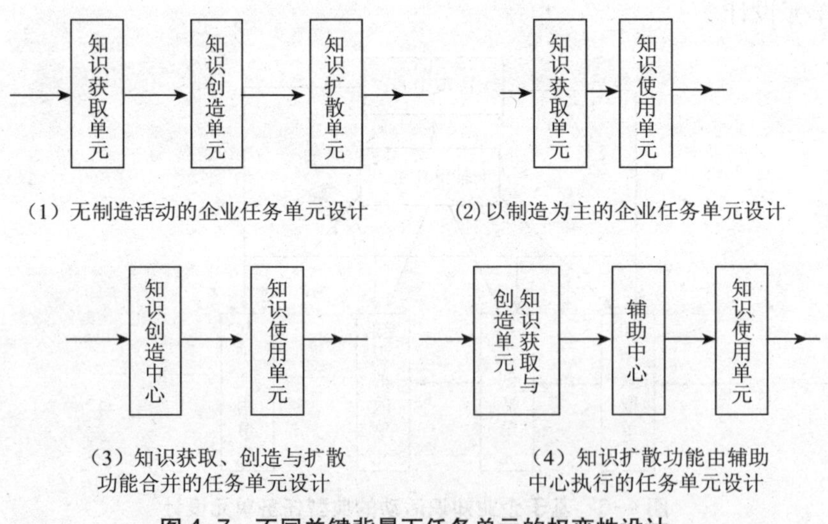

图 4-7　不同关键背景下任务单元的权变性设计

将企业任务单元协调起来为企业目标服务，是任务单元间协调关系设计的目标。陈传明曾经对知识经济背景下企业工作单位（等同于本书的任务单元）的关系进行过描述与分析①，认为“网络结构”是能够适应这一背景的

① 陈传明．知识经济条件下企业组织的结构化改造［J］．南京大学学报（哲学·人文科学·社会科学），2000（1），37：38-46.

组织结构类型。其关于工作单元之间的协调关系的主要观点是：①工作单位的地位与核心机构平等，工作单位之间互相依赖、形成联盟，不是严格的等级排列；②工作单元是稳定的，但单元之间的关系根据企业活动进行不断的调整；③各个工作单元都是一个权力中心，可以及时进行应对市场变化的调整；④每个工作单元都是与其他单元保持广泛的联系，从而促进了知识与经验的交流，而且使各单元的适应性调整有充分的知识和信息的基础。

我们认为，关于工作单元协调关系的网络化观点能够适应知识经济背景对企业组织结构设计的要求，同时由于企业组织设计的关联背景不同，任务单元的协调关系存在适应性调整的可能：①不同关联背景下的企业组织内必然存在一个除决策中心以外的主导单元，这个主导单元可以是知识创造单元，也可以是知识使用单元。由哪个单元成为主导单元，取决于单元活动的重要性和企业绩效对任务单元绩效的敏感性指标；②决策中心决定企业的领域、目标、发展方向以及战略姿态，起知识活动协调作用的可能会是主导任务单元，从而降低从知识活动单元向决策中心的知识传递成本；③主导单元对其他知识活动单元的协调权由决策中心根据企业活动的变化授予或取消，一经授予就取代决策中心行使对其他知识活动单元的协调功能；④辅助单元的活动也可根据企业活动的不同要求或者由决策中心协调，或者由主导单元协调。本章第三节将对单元间协调关系进行详细的分析。

二、多业务组织的功能结构设计

多业务组织与单一业务组织的区别在于组织中存在多个知识活动过程，知识活动过程之间的差异性在于由于人工产品对象的不同而使知识活动过程的对象与复杂性不同。如何将企业中的多个知识活动过程进行有效的分工与组织，是多业务组织的功能结构设计所必须解决的问题。我们认为，既可以将各个知识活动过程完全独立，对独立后的活动过程进行分工和组织（见图4-8），也可以将某些知识活动环节独立，其他的环节加以合并（见图4-9），甚至可以将各个知识活动的环节均集中于同一任务单元内（见图4-10）。这些权变性结果的不同也导致各任务单元的内部结构不同，包含知识获取、创造与扩散可能的任务单元与仅执行知识创造活动的任务单元在活动和协调的复杂性上是不可同日而语的。

可以发现，多业务组织结构设计的不同是企业知识活动过程各环节的组织方式不同的表现，各环节协调层级的多少决定了其集中的程度。活动过程独立的多业务组织结构（见图4-8）类似于传统组织类型中的事业部式结构，其中各知识活动单元在活动内容上等同于单一业务组织，在单元间协调关系上表现为决策中心下移，各知识活动过程由不同的决策中心协调控制，单元活动到决策中心之间层级数为2。在辅助中心结构的设计上，既可以采用类似事业部式结构的原理，将辅助功能分割到各分决策中心管理；也可以采用类似混合式结构的原理，将辅助功能直接由决策中心管理，各分决策中心只管理其知识活动部分。辅助中心的层级位置可能受下列因素影响：①多业务组织知识活动的总规模与个别知识活动过程的规模；②各知识活动过程的地域分布；③高层管理者的管理偏好。应该说，上述因素和辅助中心的位置之间没有根本性的决定关系，并不是知识活动过程的总规模和部分规模大，地域分布广，辅助功能管理就必须下移。

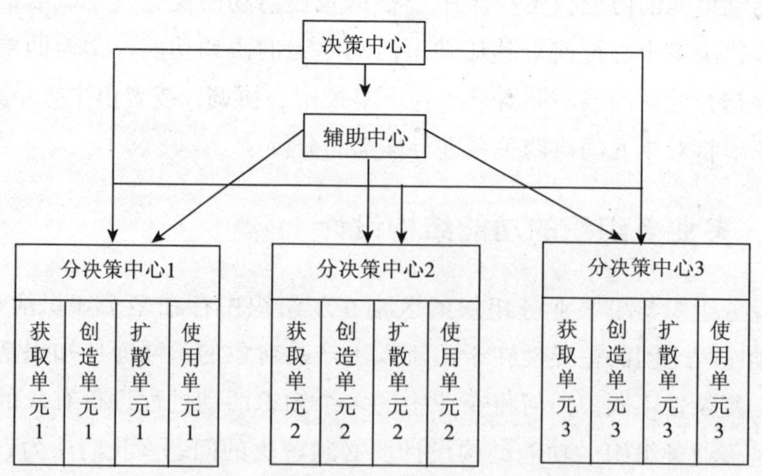

图4-8 知识活动过程独立的多业务组织结构

我们认为，在下面的关联背景下适宜采用活动过程独立的多业务组织结构：①在各知识活动过程的各环节之间不存在明显的相似性，将同一环节的各任务单元合并在一起只能增加管理协调的难度，而不会产生某一环节的范围经济性；②各知识活动过程的投入与贡献难以分割测度，将某些环节的任务单元合并到一起时极易产生偷懒行为；③来自顾客需求和竞争对手的双重压力使企业组织对外界环境的反应速度有很高的要求，对各知识活动过程的协调层级有压缩的必要性；④企业组织有很强的管理协调能力，可以将各知识活动过程的活动方向与活动规模选择等决策权下放到分决策中心。

知识活动过程部分独立的多业务组织结构（见图4-9）在不同知识活动的部分环节采用多任务单元设计，如创造单元和使用单元，而在其他环节采用任务单元的合并设计，如获取单元和扩散单元。哪些单元采用合并设计，取决于这些单元能否产生范围经济效应以及管理协调的难度。图4-9描绘的活动过程部分独立的多业务结构组织的基本形式，辅助中心的设计、独立设计环节的多任务单元的协调层级、合并设计的任务单元的内部协调方式以及知识活动环节的合并执行与否，都导致这种结构形式的变化。合并设计的任务单元与独立设计的任务单元的区别在于前者将所有业务的知识活动过程相同功能环节集中在一个任务单元内协调管理，而后者则由决策中心（或二级管理中心）进行跨单元的协调管理。各环节能否采用独立或合并的结构形式设计则主要取决于：①不同知识活动过程在该环节的合并效益——范围经济性程度；②不同知识活动过程在该环节的合并成本——任务单元内的协调成本；③不同知识活动过程在该环节合并后投入与产出的测度难度。

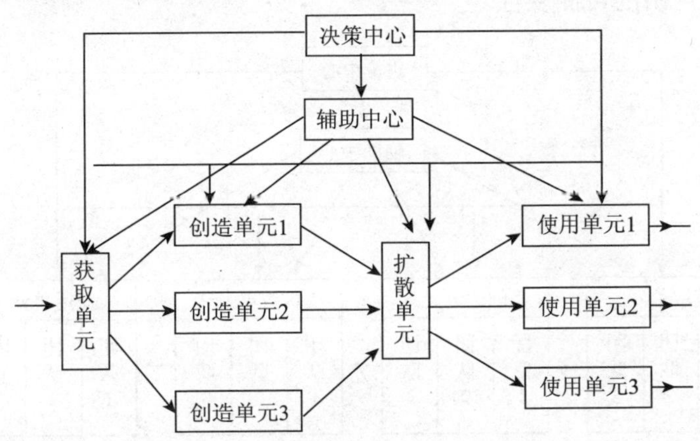

图4-9　知识活动过程部分独立的多业务组织结构

知识活动过程部分独立的多业务组织结构适宜于下面的关联背景状态：①由于企业知识活动内容的特殊性，不同的知识活动环节之间存在明显的范围经济效应，而其他环节不存在；②合并后的知识活动环节不会出现因投入和产出测度上的不可分割性而导致的治理问题；③企业组织能够协调合并单元与独立单元之间的知识传递关系；④企业环境状况能够允许这种结构中的多层级特性所导致的决策时滞与反应缓慢问题。

知识活动过程合并的多业务组织结构（见图 4-10）在结构原理上类似于传统组织类型的职能式结构，不同知识活动过程的不同环节分属于执行知识活动不同功能的任务单元，由决策中心实施对各任务单元进行协调管理，辅助中心的层级位置与单一业务组织结构形式相同，与各任务单元平行。我们认为，各任务单元的内部结构设计是影响这种多业务组织结构方式使用效果的关键。各任务单元可以按照不同的知识活动对象组织相应的团队，由团队实施该环节的知识活动功能，这时团队的协调管理和团队内部的治理问题成为决定各环节有效性的主要问题；也可以由任务单元直接执行该环节的知识活动功能，即各任务单元本身仅组成一个团队，这时各单元在不同业务的投入和产出的测度问题成为主要问题。采用何种方式，取决于：①知识活动各环节的复杂性与相似性程度，如果某些环节的复杂性程度低、相似性程度高，则可以采用单一团队的方式；②多团队任务单元的协调成本；③不同知识活动环节投入产出的可测度性。

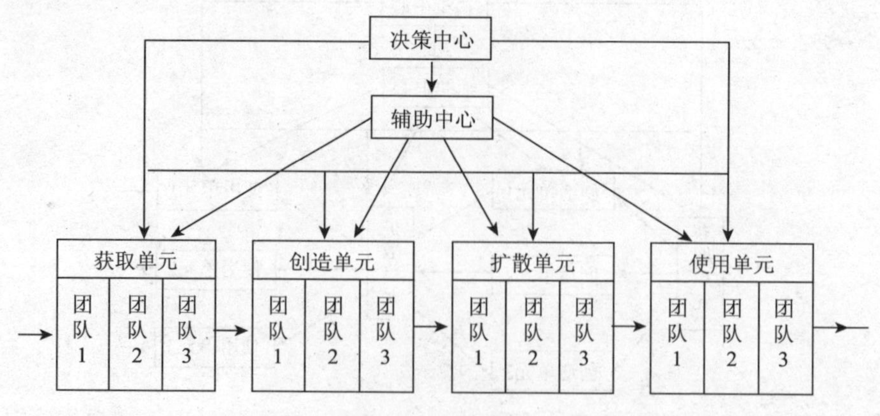

图 4-10　知识活动过程合并的多业务组织结构

我们认为，知识活动过程合并的多业务组织结构适宜于下面的关联背景：①由于知识活动过程的相似性和参与者个体交流的频次提高，将不同业务的知识活动过程的各功能环节合并到一个任务单元内由明显的范围经济效应和学习促进效应；②将不同业务的知识活动过程的各功能环节合并到一个任务单元后，不存在任务单元内部的协调问题；③决策中心由足够的能力和管理注意力，从而可以直接对多业务的知识内容进行及时有效的决策；④不会由于任务单元内部活动的增加而导致治理不力问题，进而出现大量的偷懒行为。

第三节　知识传递机制分析与设计

组织的信息处理观点认为，组织设计必须能够鼓励纵横两个方向的信息流，这些信息流是实现组织整体任务所必需的[①]。传统的组织设计方法中，使用层级处理、规则和计划、增加层级职位以及实施纵向信息系统等手段来实现组织的纵向信息联系，同时使用跨职能的信息系统、横向的直接联系、任务组以及项目团队等方式实现组织的横向信息联系。青木昌彦将组织中水平的（横向）和垂直的（纵向）信息联结方式称为组织的信息结构[②]，将其作为组织结构设计的一个重要方面进行研究。

我们认为，传统的组织设计理论中关于信息结构的观点所蕴含的对象是“信息”，而不是“知识”。尽管某些知识以信息的方式存在，但知识与信息仍然存在很大的区别。因此，在设计组织横向和纵向的联系方式时，我们遵循的是知识处理观点，而不是信息处理观点，本书所指的知识传递机制是一种“广义的信息结构”。本书的企业的知识传递机制包括三个层面的内容：①企业与外部环境的知识联系方式；②企业各单元间的知识联系方式；③各任务单元内的知识联系方式。

我们认为，按照知识的用途，企业组织中使用的知识可分为三类：①用

① David Nalder and Michael Tushman. Strategic Organization Design. Glenview: Scott Foresman. 1988.

② 青木昌彦．比较制度分析［M］．周黎安，译．上海：上海远东出版社，2001.

于生产的知识，即关于企业或所处产业的人工产品的原理、生产工艺以及生产流程等知识；②用于操作的知识，即关于如何完成企业中各职位工作的知识；③用于决策的知识，即以企业决策参量形式表现出来的知识。用于不同用途的知识的知识源不同，由不同的个体参与者使用，在获取的方式和主体上也存在不同。只与个别单元和个体有关的知识可称为特制性知识，而与多个单元和个体相关的知识可成为这些单元或个体的一般性知识。除决策中心和辅助单元外，用于生产的知识是各任务单元知识活动的对象，即由知识获取单元从外界获得后经知识创造单元加以吸收和创新，再直接或由知识扩散单元传递到知识使用单元加以扩散使用，在这个过程发生的同时，决策中心和辅助单元也要对用于生产的知识有一般性的了解。用于操作的知识对于企业组织的任何个体参与者来说都是必需的，要完成由企业活动分工决定的各职位的工作，任何个体参与者必须进行用于操作的知识的获取、向个人知识的转化以及使用。用于决策的知识是与企业组织决策有关的参量的描绘信息，传统组织设计理论中所指的信息等同于本类型的知识。这部分知识既来自企业外部——环境，也产生于企业知识活动过程，企业必须完成这部分知识由外部环境到企业决策单元和决策个体、由企业一般任务单元到决策单元以及由无决策责任的个体向决策职位上的个体的传递过程。

因此，本部分所讨论的企业组织的知识传递机制是基于下面的知识传递内容：①用于生产的知识在环境与组织之间、任务单元之间以及任务单元内部的传递；②用于操作的知识在环境与组织之间的传递；③用于决策的知识在任务单元之间与任务单元内部的传递。

一、组织边界与知识获取

企业组织与环境之间的知识获取关系包括三方面内容：①企业从环境中获取生产性知识；②企业从环境中获取可操作性知识；③企业从环境中获取一部分决策性知识。企业组织将知识向环境中传递或扩散的问题，对其下游企业或其他相关企业组织来说则是知识获取问题，因此本书不做讨论。

从理论上来看，企业组织可以通过专门的任务单元解决所有上述知识的获取问题，然后由这个知识获取单元把各种知识传递到使用这些知识的单元或个体。但是，这样做的结果是导致企业内部急剧增加的知识传递成本以及可能的知识扭曲问题，而且由于专门的知识获取单元在知识获取过程中必须由相关单元告诉应该获取哪些知识，这也会使单元间的协调和沟通成本大量增加，对这些成本我们可统称知识传递成本。但是，如果为降低知识传递成本而让使用这些知识的单元和个体直接去获取这些知识，则可能出现因为企业活动的专门化程度降低而导致的专门化收益降低问题。因此，企业组织的知识获取活动由哪些单元和哪些个体来实施，是知识传递成本和专门化收益权衡的结果。

开放系统视角的组织理论认为，组织与外界的信息和能量交换是维持组织有序性的必须条件，组织理论的自然系统观点甚至认为本质上组织的个体参与者并不存在于组织边界内。我们认为，企业组织与外部环境的知识交换是企业知识活动有序性的必要条件，企业组织要进行有效的知识获取，必须具备下面三个层面的开放性：①从组织层面考虑的与组织边界设计有关的开放性；②从任务单元层面考虑的与单元和环境关系有关的开放性；③从个体参与者层面考虑的与个体参与者和环境关系有关的开放性。这三个层面的开放性程度的把握以及开放方式的选择是企业组织与外部环境知识关系设计的内容。

应该说，企业知识活动过程中所涉及的知识中用于生产的知识是知识活动单元的一般性知识；用于操作的知识是各单元的特质性知识，而对于单元内的个体参与者来说则是一般性知识；从外部环境中获取的用于决策的知识部分是不同单元决策者的特质性质知识，而另一部分则是所决策者的一般性知识。

除用于决策的知识之外，企业所需的未编码知识的来源必然是环境中的个体或组织①。无论是一般性知识还是特质性知识，如果不考虑成本和可操作性，最有效地获取这些知识的方式是使拥有这些知识的个体或组织加入到本企业组织中。这实际上改变了企业组织的边界，因此企业边界在极大程度上

① 已编码知识可以简单地以购买方式得到，因此本书不做讨论。

决定了企业知识获取活动的内容和成本。企业组织边界的确定取决于将拥有某些知识的个体和组织包容到本组织中的知识收益与成本的权衡，其主要的成本来自购买这些个体的人力资产和组织资产的直接成本和交易成本；而其收益则来自：①知识获取活动减少引致的成本降低；②拥有这些个体或组织后，由于其本身的知识创造能力使企业不需要再反复购买由其创造的未编码组织，从而降低组织的交易成本；③知识传递精确性和速度提高带来的收益。

由于特质性知识不需要在个体或任务单元间进行传递，因此提高特质性知识获取活动的有效性的方法是提高进行特质性知识获取活动的个体和任务单元与外部环境的接触程度①。任务单元对于环境中的一般性知识的获取，存在三种两个任务单元的基本模式②（见图 4-11），多单元的情况则是这三种基本模式的组合。其中，T 代表任务单元，箭头方向代表知识的流动的传递方向。

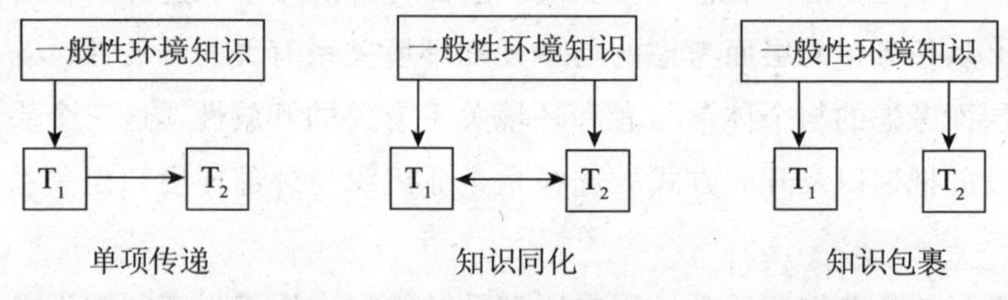

图 4-11　两个任务单元获取环境中一般知识的三种基本模式

单向传递模式是指由一单元单独获取环境中的一般性知识后向另一单元传递，知识同化指个单元独立从环境中获取一般性知识，然后加以沟通比较，知识包裹模式则是各单元独立从环境中获取一般性知识，不进行沟通比较，独立使用。可以发现，三种知识获取模式在知识获取的成本和效果上存在差异：①单向传递模式中 T_1 和 T_2 的知识获取效果受到 T_1 的知识获取能力和努

① 同时也要激发进行特质性知识获取活动的个体和任务单元的知识获取意愿，提高其知识获取能力，这一问题在治理结构分析与设计部分中加以探讨。

② 本书所描绘的模式借鉴了青木昌彦的组织任务单元信息关联模式。

力水平的根本性影响，如果 T_1 获取的知识是错误或是不完全的，则 T_2 所使用的是同样的知识，同时不可编码的知识由 T_1 向 T_2 传递，出现了知识失真的可能性；②知识同化模式比单向传递模式增加了 T_2 的知识获取成本以及知识由 T_2 向 T_1 的传递成本，但经过 T_1 和 T_2 对所获取知识的沟通比较，知识的正确性和完全性得到了提高；③知识包裹模式比知识同化模式节省了知识在 T_1 和 T_2 间的交流成本，知识的正确性和完全性可能较低，但与单向传递模式相比降低了同时使用错误或不完整知识以及知识在传递过程中失真的可能性。根据三种基本模式的成本和效果，在不同的任务特点和知识性质下可以进行下面的模式选择：①任务互补且后一单元不具有同样的知识获取能力的情况下，如知识创造单元和知识扩散单元之间、知识扩散单元和知识使用单元之间，可以使用知识获取的单向传递结构；②任务既不存在互补关系，也不存在竞争关系，但错误知识会对组织造成致命后果的情况下，如决策中心和知识创造或使用单元对关于消费者需求特点知识的获取，可以采取知识同化模式；③任务存在替代关系，而且知识出现错误和不完整的可能性较小的情况下，如任务合并的多业务组织结构中的知识创造单元之间，最好采取知识包裹模式；④任务单元之间的互补性越强，越趋向于使用单向传递模式，替代性越强则越趋向于使用知识包裹模式。尤其是任务单元之间可以完全替代时，由于可能出现知识传递过程中的有意识隐瞒或扭曲知识的情况，要尽量使用知识包裹模式。

二、单元间知识传递机制设计

知识在网络状的组织结构的任务单元之间传递，是企业知识活动得以有效实现的必要条件。传递的知识内容包括用于生产的知识、用于决策的知识以及用于操作的知识，知识的传递需求类型则可能出现以下四种情况（见图 4-12）。

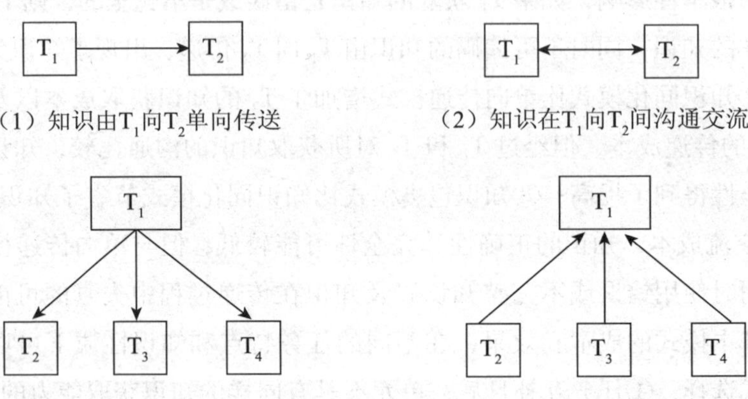

图 4-12 任务单元间的知识传递需求的类型

知识由 T_1 向 T_2 单向传递是指知识由 T_1 仅向传递给 T_2，我们 T_1 称为知识源单元，T_2 称为知识接收单元。知识在 T_1 和 T_2 间沟通交流指知识仅在 T_1 和 T_2 间进行传递，知识由 T_1 向 T_2、T_3、T_4 多单向传递和由 T_2、T_3、T_4 向 T_1 汇聚的情况在企业组织中也很多见，前者如辅助单元中的人力资源功能部分可以将各单元关于操作的知识获取后再传递给各单元，后者则如各单元将用于抉择的知识向抉择中心汇聚。

针对图 4-12 中的四种类型的单元间知识传递需求，解决的方法均可以是由知识源单元中专门的个体参与者或任务团队将需传送的知识进行编码，然后传递给知识接收单位中专门负责知识接收的个体参与者或团队。我们认为，这正是传统组织设计方法中对信息传递需求的解决方法。由于信息相对于知识的复杂性程度较低，进行编码的难度较小，这种解决方法在一定程度上可以解决信息传递问题。但是，知识传递对结构设计的需求远高于信息传递，这种传统解决方法会引发以下问题：①为实现知识的传递，散布于源单元内知识必须先汇聚于负责编码和传送的个体参与者或团队，这极大地增加了知识在源单元内部的传递和编码成本；②为实现知识传递后在接收单元的使用，接收单元内负责接收的个体或团队必须将知识传递给单元内部的其他个体或团队，这同样增加了知识在接收单元内的扩散成本；③知识由某一单元同时向多个单元发送时，由于源单元知识发送能力的限制，会影响发送的效果；

④知识由多个单元同时向某一单元发送时，由于接收单元接收能力的限制，会造成拥塞，从而影响接收的效果；⑤知识在不同单元间传递时，知识首先传递到接收单元的专门个体或团队，然后由其传递给其他个体或团队，这实际上造成知识在源单元与接收单元之间和接收单元内部的二次传递，传递的成本和知识失真的可能性大大提高。

针对上述传统方法所引致的单元间知识传递问题，我们认为应遵循下面的解决思路：①在不影响知识传递效果的前提下，尽量减少知识在源单元和接收单元内的二次传递，从而降低知识传递成本和知识失真的可能性；②对于知识多向传递和汇聚的情况，在不影响知识传递时效性的前提下，尽量增加缓冲环节，以保证不出现接收单元知识拥塞和超出源单元发送能力的现象；③在保证知识传递完全性的前提下，通过改善知识的编码规则和编码技术，尽量提高知识的编码程度，从而减少未编码知识的传递数量，降低知识传递成本和知识失真的可能性。

遵循减少知识二次传递的思路，可以采取可渗透单元边界的设计；遵循减少知识失真可能性的思路，可以考虑采取双渠道知识传递模式；遵循为知识多向传递和汇聚提供缓冲环节的思路，则可以考虑建立组织知识库。我们认为，可以根据可编码程度的高低将单元间所传递的知识进行划分。可编码程度较高的知识可以由源单元中的专门个体或团队进行编码后传递给接收单元中的专门个体或团队，这是知识传递的常规渠道；若知识的可编码程度较低，则可以采取另一渠道：①由知识源单元中的专门个体或团队进入知识接收单元内，将所需传递的知识直接在接收单元内扩散；②由知识接收单元中的专门个体或团队进入知识源单元内，参与知识源单元的知识获取和创造过程，然后将接收的知识在接收单元内扩散；这是知识传递的非常规渠道。知识传递的常规渠道与非常规渠道同时使用构成了知识传递的双渠道模式，非常规渠道总专门个体或团队的边界跨越则是任务单元的可渗透边界设计。可编码程度低的知识在多项传递和汇聚过程中采取知识传递的非常规模式，提高知识传递的效率和保真性；可编码程度高的知识可以由源单元编码后输入知识库，接收单位则可以从知识库中直接寻找所需知识。知识库模式与非常规模式在知识多向传递和汇聚过程中的使用，是知识多向传递和汇聚需求下知识传递的双渠道模式。我们使用图 4-13 对本书的单元间知识传递机制设计进行直观的描述。

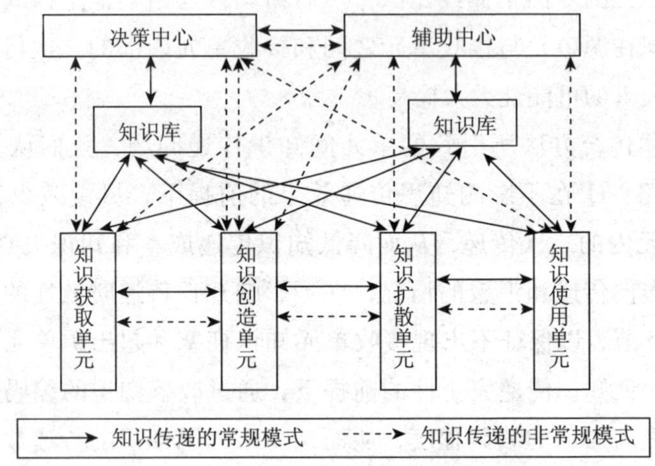

图 4-13　单元间知识传递的双渠模式

三、单元内知识传递机制设计

单元内知识传递的内容包括：①负责知识接收的专门个体或团队将获取的知识向其他个体或团队进行扩散；②单元内的个体或团队将产生的知识向负责知识传送的专门个体或团队传递；③个体或团队将在单元内部使用的知识进行交流。单元内任务团队的组成一般与特定的任务有关，在知识使用上具有区别于任务单元内其他团队和个体参与者的专门性，也就与其他团队或个体参加者不存在或较少存在知识传递关系。因此，单元内的知识传递活动主要存在任务单元内的个体参与者之间，个体参与者与团队之间、团队与团队之间进行知识传递活动的前提是符合知识活动的成本效益原则。

同一单元内的任务团队之间进行知识传递活动，其传递方式类似单元间的知识传递方式，即直接或使用知识库为中介的常规渠道和团队边界渗透的非常规渠道并存的双渠道模式，即个体与团队通过常规渠道进行可编码知识的传递，通过非常规渠道进行不可编码知识的传递。

个体参与者拥有的知识以隐性知识——未编码知识的形式存在，将这种未编码知识向其他个体传递，必然存在两种途径；或将知识进行编码，然后将已编码知识通过非面对面的形式——书面或电子文档进行传递；或将不能编码的知识进行面对面的传递。我们将前者称为单元内个体参与者知识传递的常规渠道，将后者称为单元内个体参与者知识传递的非常规渠道。我们使用图 4-14 对单元内知识传递机制加以直观的表示。

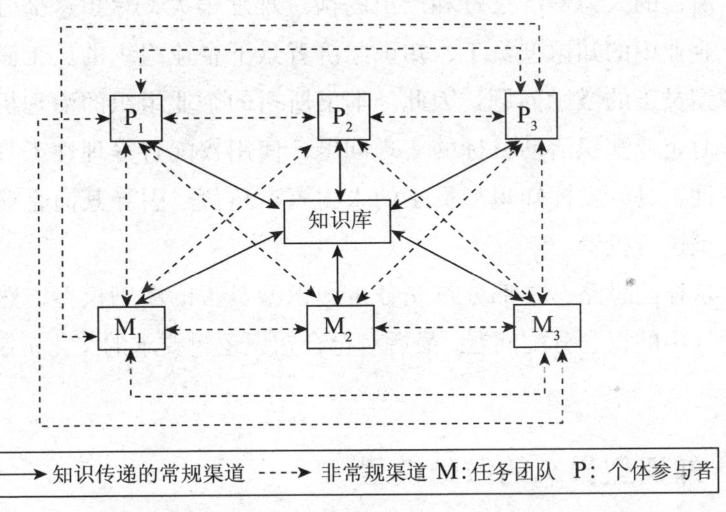

图 4-14 任务单元内知识传递的双渠道模式

第四节 治理机制分析与设计

知识经济背景下企业的知识活动是对企业个体参与者的知识获取、创造和使用活动的整合，既要对企业的整体知识活动进行合理的任务分工和结构安排，从而使企业知识活动得到合理的组织，又要使企业中的个体参与者得到合理的激励，从而尽量使每一个参与者向企业的目标方向贡献足够的努力。前者是企业组成的功能结构和知识传递机制设计问题，而后者则是企业组织的治理机制设计问题。

由于知识活动的分工，企业中的个体参与者所承担活动的内容与特征存在显著的不同，也对企业的人力资产特征提出不同的要求。企业组织中的某些活动，如辅助单元的部分活动和知识使用单元中的部分活动，可重复性和可预测性程度较高，创新程度低，所需的人力资产投资和产出的可衡量性较好，承担这部分活动的参与者基本上属于企业中的非知识型员工，因此，这部分个体参与者的激励问题比较容易解决。而企业组织中的其他活动，如决策中心、知识获取以及创造单元的活动，可重复性和可测性程度很低，创新程度高，所需的人力资产投资和产出的衡量难度很大，承担这部分活动的参与者属于企业中的知识型员工，知识经济背景下企业组织的员工激励问题主要是知识型员工的激励问题。因此，本书所指的企业组织的治理机制的设计主要是针对企业知识活动目标的实现问题，使用权配置等理性工具和文化机制等非理性工具，发挥知识型员工的人力资产价值、引导其向企业需要的人力资产类型进行投资。

按照这样的思路，本部分首先分析知识型员工的激励模型，然后讨论治理机制设计中的权利分配问题，最后对符合知识逻辑要求的文化机制的生成进行探讨。

一、知识型员工的激励模型

对于员工的激励问题的研究始于 20 世纪 60 年代，广为人知的如麦克雷戈（McGregor，1960）、马斯洛（Maslow，1987）和赫兹伯格（Hzberger，1987）等的激励理论，以及弗罗姆（Vroom，1964）、劳勒（Lawler，1968）和亨特（Hunt，1986）等的激励模型，而对于知识型员工激励问题的研究则出现于 80 年代以后。彼得撕和沃特曼（Peters&Waterman，1982），坎特（Kanter，1983）都将注意力集中到组织文化的层面上，并认为可以采取给雇员授予一定权力的方式来解决知识工作者管理所面临的问题。白莉（1985）集中研究了项目经理在对研发部技术专家的管理方式上的两难问题：要么进行集中控制，要么提供给职员进行创造和革新的足够的自主权。同样地，彼得斯和沃特曼也认为被授权的雇员仍需进行引导以集中方向，避免精力投入的浪费，同时也避免雇员自我迁就现象的发生。Kuwahara、Okada 和 Horikoshi（1989）提出了“日立方法”（Hitachi’s approach），计划发展一种并行的职业结构（parallel career structures），其中包括建立一种特殊身份结构，以保证专业技术人员在他们的研发部门中能够享有相类似的身份和地位。

玛汉·坦姆仆对知识工作者的激励问题进行了实证研究①，针对两个问题进行了调查：①知识工作者如何看待自己在组织中的被领导地位？如果要得到更高的工作成效，自己应该以什么样的方式被领导？②组织成员的哪些特征因素是重要的？其对四个激励因素进行了需求强度的调查，调查的结果见表4-2。

表4-2　知识工作者对激励因素的不同偏好

激励因素	百分比（%）	偏好选择
个体成长	33.74	显著增长
工作自主	60.51	在一定制度下自由工作
业务成就	28.69	非常高
金钱财富	7.06	以工资和津贴作为个人努力的回报

玛汉·坦姆仆同时认为，知识工作者对激励因素存在不同偏好的原因是因为这些员工处于不同的事业发展阶段，具有不同的家庭环境。该研究将员工的事业发展阶段分为：

（1）实现期。处于这一阶段的员工，由于能够在对他们来说相对重要的激励和报酬之间获得他们所满意的平衡，从而会对工作产生很高的满足感。但这时仍有可能导致向过渡期的转化。

（2）过渡期。此时的员工已达到他们事业和个人发展的十字路口，并正为自己将来的发展寻求一个合适的定位。这可能发生在员工的任何一个年龄段，但更可能发生于40~45岁的年龄段。此时可能导致向阶段3或阶段4转化。

（3）发展期。此时的员工正在寻求达到自我平衡的状态。

（4）稳定期。这一阶段的员工很有可能已经确定了他们想要达到的成就水平。他们的个体成长与激励和报酬需要一致，不再需要新的挑战。

知识型员工可能处于不同的事业发展阶段，其对不同的激励因素也具有

① 玛汉·坦姆仆．知识管理与组织设计［M］．珠海：珠海出版社，1998.

不同的偏好，这说明不同的激励模式要获得实质性效果的前提是与知识型员工的事业发展阶段相匹配。在上述四项激励因素中，金钱财富显然不是知识型员工所需要的，将个体成长、工作自主和业务成就三项激励因素组合使用时，可以得到图 4-15 所示的知识型员工的四种被激励状态。

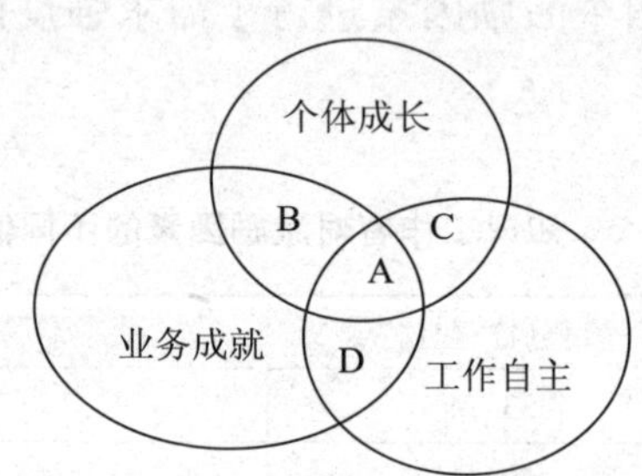

图 4-15 知识型员工的四种被激励状态

其中，A 部分是达到了所有知识型员工期望的 3 种激励因素都得到满足的被激励状态；B 部分是知识型员工缺乏工作自主的被监管状态；C 部分是员工工作并没有满足组织需要的以员工为中心的状态；D 部分是缺乏个体成长的以组织为中心的状态。

在上述调查分析的基础上，玛汉 · 坦姆仆提出了知识工作者的激励模型（见图 4-16）。在该模型中，专业和个人的成就可以导致精神和物质的奖励，进而激活和维持个体的被激励状态。有利的工作环境和被激励的状态相互作用，使个体中被激励的能量释放出来。在个体能量释放的同时保证其有明确的组织目标观念，并能获得信息平等交流这样一种环境上的支撑，被激励的能量就会引导至专业和个人的成就上来。进而达到组织和个人目标同时实现的状态。

显然，玛汉 · 坦姆仆的知识工作者激励模型将组织目标的实现归因于具有一定个体能力的员工的合理激励。员工，尤其是知识型员工的个体能力得到有利于组织目标的发挥的前提有三个：①有利的工作环境，这不仅包括员工工作的技术环境，更重要的是员工工作过程中的自主性；②组织目标的引导，这包括引导的技巧和目标本身的价值；③知识交换，即知识的多渠道沟通。应该说，这三个前提符合知识型员工的知识活动特征和激励所需特征，也得到了该模型研究过程中的实际验证，知识经济背景下企业知识型员工的激励问题应该遵循上述研究中的解决思路。

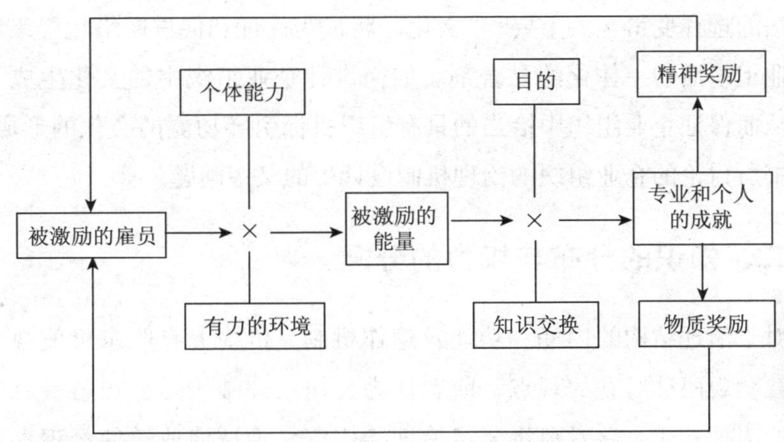

图 4-16　玛汉·坦姆仆关于知识工作者激励的模型

我们曾经提出，知识经济背景下企业目标的实现既需要对企业组织的知识获取、创造和使用活动进行合理的组织，又需要使企业组织的个体参与者的对人力资产投资和使用的努力程度和意愿达到较高的水平。本书所设计的企业组织的功能结构和知识传递机制能够满足知识经济背景下企业知识活动合理组织的要求，也可以满足知识型员工达成组织目标所需的知识交换需要，如何满足知识型员工的工作自主和目标引导要求，是在上述基础上必须解决的问题。

我们认为，知识型员工的工作自主性实际上是在组织目指引下对所承担的知识活动目标实现过程中的工作路径的自主选择权，这包括在知识活动的成本效益原则下自我决定使用何种手段、以怎样的方式去获取所需知识，并加以创造和使用，进而实现作为组织目标一部分的个人目标。这种工作自主性在很大程度上涉及企业组织的分权程度和权利的结构问题，这也正是本书所讨论的企业组织的治理结构问题的一部分。

同时，将知识型员工的行动向组织目标的方向加以引导，可以使用目标管理手段，也可以体现在权利分配和报酬激励中。但我们认为，除上述方法之外，组织文化将起到极其重要的作用。正如陈传明所认为的①，企业文化将成为知识经济条件下企业管理的重要，甚至是主要的手段；用被企业员工广泛认同的价值观和行为准则去影响各工作单元在不同时空的行为方向、内容及方法的选择变得至关重要；“文化”将成为保证和促进网络化层级结构条件下企业组织活动一体化的黏合剂。如何设计企业组织中的文化生成与改变机制，从而保证企业组织中恰当的具有组织目标引导功能的文化的形成和改变，是本书所讨论的企业组织的治理机制设计中的又一问题。

二、知识的分布与权力的分配

对于治理结构的内涵。功能及运作机制，传统上有股东价值观和利益相关者社会观两种对立的观点。前者认为公司治理结构是公司融资者确保投资收益的诸种方式，后者则将公司治理结构定义为诱使或迫使经理人员内在化利益相关者的福利的制度设计利益相关者社会观的公司治理结构观点很难设计出一种激励经理的支付合同和统一的控制结构，股东价值观的工作治理结构观点所引导出的融资者确保投资收益的方式包括；设计合理的工资合同激励经理为股东利益服务，以法律手段给予股份恰当的权利，赋予董事会监管经理的信托责任。

关于公司治理结构的这两种观点都针对经理人员的激励进行制度设计，在传统的以物质资产作为生产的关键性要素的条件下是合理的。由于传统的以物质资产作为关键性要素的企业组织中，经理人员拥有的关于协调的知识比工人拥有的关于设备操作的知识更重要，其贡献也更难衡量，只要以高于外部机会的市场价值的工资与工人签订合约就可以解决工人的激励和控制问题，因此，传统经济背景下的企业决策权集中在经理人员层面，组织治理问题也集中于经理人员的激励与控制机制。

知识经济背景下，知识成为企业活动的关键性要素，很多情况下会出现知识雇佣资本，而不是资本雇佣知识，物质资产离开特定的人力资产将不能

① 陈传明．知识经济下企业的结构化改造［J］．南京大学学报（哲学·人文科学·社会科学），2000（1）：38-46.

够发挥作用。拥有特定知识的人力资产成为一种稀缺性资源，而大多数物质资产由于其可替代性提高不再是稀缺性资源。关于企业知识活动——知识获取、创造与使用的知识与关于协调的知识同样重要，甚至更重要，企业组织的治理问题不再集中于经理人员的激励与控制机制，而是包括企业所有参与者在内的激励与控制机制问题，尤其是企业组织中知识型员工的激励与控制问题成为知识经济背景下企业组织治理问题的核心。我们认为，知识逻辑下的企业组织治理机制思路是通过权力的配置实现知识型员工的工作自主环境、提高其贡献人力资产的努力程度，并形成一定的惩罚机制，避免由于其知识活动贡献的不可衡量性所带来的“搭便车”行为。而在本书对治理机制的讨论中，是基于企业组织中参与者个体知识的可测度性和测度结果已知的假设。

在哈特—穆尔式企业中，组织信息（属于我们所指知识的一部分）加工具有层级分解的特征，组织结构上属于功能层级制，经理集中占有物质资产的所有权从而占有对人力资产使用的剩余控制权，这是符合这种企业中经理和工人人力资产重要性的不对称性以及他们的人力资产投资水平的事后可观察性特质的最优的治理模式，在我们提出的知识逻辑下的企业组织结构形式中，个体参与者在不同方向上（包括水平和垂直方向）共享知识和相互影响，一直与组织收益很难进行清晰的分解，参与者在积累和使用个人资产时极易出现的“搭便车”的道德风险问题与功能层级制下的胁迫问题在性质上完全不同，因而在解决方法上不能照搬哈特—穆尔式企业的物质资产所有权一体化模式。青木昌彦认为①，对于这种治理问题，物质资产所有权的一体化并不是一个有效途径，同时让每一个参与人拥有准组织租金的一个相同份额和物质资产的联合所有权的这样一种封闭的内部治理机制缺乏效率。因此，青木昌彦提出其称为关系型相机治理结构的第三方机制，以解决团队成员“搭便车”行为的监督问题。

哈特—穆尔式企业、霍姆斯特朗机制以及青木昌彦的关系型相机治理结构所蕴含的分析前提是企业组织中的角色已然明确，经理进行市场导向型的决策，工人进行操作活动。我们认为，知识经济背景下，企业由谁担任经理

① 青木昌彦．比较制度分析［M］．周黎安，译．上海：上海远东出版社，2001.

——即决策权主要配置给哪些参与者，操作者的活动特征发生了哪些变化，其应该承担怎样的决策权限，是企业知识活动得以高效低成本运行的前提，也是进行治理机制探讨的前提。我们认为，治理机制问题的探讨实际上是在决策权配置明确的基础上设计保证决策过程中的道德风险避免、提高努力水平的内在机制。

传统企业组织理论中，决策信息（本书所指的用于决策的知识）按层级关系从一线员工向上传递到拥有决策权的参与者，由决策者做出决定后将工作指令向一线员工逐级传递。如果知识经济背景下仍然使用这种决策模式，由于企业中进行传递不仅仅是用于决策的知识，还至少包括用于生产的大量知识，知识传递的技术成本、决策延误成本以及可能发生的扭曲所造成的决策错误成本大幅提高，同时由于关键知识的拥有者不能够自主决策，也很难创造自主的工作氛围，知识型员工不能得到充分的激励。因此，将决策权向关键知识的拥有者传递，而不是将关键知识向决策者传递，在决策成本降低与知识型员工激励上会取得良好的效果。

知识经济背景下企业的知识使用单元包括传统企业中的采购、制造与销售等价值链环节，由于其包含的企业知识活动具有传统企业活动的特点，显然不是企业知识活动的关键任务单元，其中的个体参与者一般不拥有企业知识活动所需的关键知识。其中的制造计划决策往往可以由决策中心根据销售团队的关于市场的一线知识做出，采购活动决策取决于制造计划决策。而销售中的营销活动规划制定与调整需要根据市场变化及时调整，营销活动规划制定和调整决策的做出往往要依靠某些销售人员的关系如何根据不同的市场状况进行规划的经验性的、具有为编码特征的专门知识。销售团队决策的主要内容是营销规划制定和调整，有必要将该团队的决策权授予拥有决策所需的专门知识的参与者。

企业的知识活动既需要个体参与者的单独知识活动，也需要对这些单独的知识活动进行必要的协调。无论是进行单独的知识活动还是对单独知识活动进行协调，都需要拥有专门的进行知识活动或进行协调的知识，这些知识往往具有未编码特征，进行传递具有相当高的成本，因此，从降低知识传递成本以及提高决策的自主性、及时性和正确度的角度出发，必须将企业不同层面的决策权与组织内个体参与者所拥有的专门知识形成对称分布，而不是与企业层级结构的不同位置形成对称分布。上述关于知识使用单元的分析符合这一逻辑。同样，应该根据这样的思路对决策中心、辅助单元、知识获取单元与创造单元以及其中的个体参与者进行授权，即在各单元任务分工明确的前提下个体参与者所拥有的知识决定其在本单元中的位置和角色，个体参与者在进入组织时应该属于哪个任务单元以及后续的调整则应根据其进入组织时所拥有的知识状况和以后所拥有的知识变动情况。

杰逊和麦克林认为，根据企业组织个体参与者拥有的知识进行授权会造成过分的分权，结果是高昂的委托一代理成本，因此有必要根据知识传递成本的降低和委托一代理成本的提高进行企业组织授权程度的均衡决定，最优的决策权配置应该是二者的总成本最低时的状态①。我们认为，杰逊和麦克林的思路固然是正确的，但问题在于知识传递成本和委托一代理成本的测度困难性，对总成本何时最低的模糊分析不足以满足知识经济背景下企业授权问题的管理学分析需求。因此，我们建议企业在解决功能结构和知识传递机制设计基础上的授权问题时，应该在不考虑委托一代理成本的情况下根据知识的分布状况进行充分的授权安排，随后使用一定的治理机制对道德风险问题加以解决。

青木昌彦在讨论其所谓水平层级制的治理机制时采用博弈论观点，认为治理结构是治理参与人策略互动的自我实施机制，并提出和分析了其所谓关系型相机治理结构。他同样认为有用该模式中不同参与者的贡献无法清晰识别而内生的“搭便车”问题无法通过事前配置物质资产所有权解决，而可能通过外部威胁惩罚不良业绩的方式实现次优结果。我们所提出的知识经济背景下的企业组织的功能结构中，个体参与者对组织绩效的贡献恰恰因为人力资产的不可测度性和知识活动对参与者的知识沟通需求而同样不能清晰的识别。同时，我们也没有试图通过物质资产所有权的配置来解决治理问题，而只是通过决策权与知识的对称分布提高个体参与者的工作自主性。我们认为，青木昌彦提出的关系型治理结构对知识逻辑下的企业组织治理结构具有一定

---

① 保罗·S. 麦耶斯. 知识管理与组织设计［M］. 将惠工，等，译. 珠海：珠海出版社，1998.

的借鉴意义，同时也必须根据本书中企业组织结构内涵与其企业组织结构的假设不同而做出适应性调整。

青木昌彦假设其所讨论的企业由 N 个被称为内部人的均质成员组成，每一个内部人员的努力水平无法被观察到，但内部人的联合产出即组织绩效能够被很好地观察到；每个内部人的效用函数相同，为不低于内部人生存的最低收入的现期收入减去企业破产所带来的每一期的预期减少收入；企业的纯粹投资者和由其委托的关系型监督者是企业的两类外部人。在这样的假设条件下，青木昌彦的关系型相机治理结构的核心机制是在不同产出水平下出现控制权的转移，使企业的内部成员和外部人获得不同的剩余收入，从而实现企业组织治理的目标。

知识逻辑下的企业内部人——个体参与者不具有同质性特征，他们的努力水平的可观察程度有所不同。知识使用单元中的制造团队的一线操作人员和销售团队的一线销售人员等个体参与者的努力水平容易衡量，因此对他们的激励问题可以通过哈特—穆尔式企业中的固定合同金额方式予以解决，而决策中心、辅助中心和其他知识使用单元中可能仍然存在部分努力水平可衡量的个体参与者，对他们的激励可参照上述人员解决。企业中真正的知识型员工，即青木昌彦所谓努力水平不可衡量的参与人，在激励方式上应该等同于关系型相机治理机制。因此，符合知识经济背景下企业特征的治理机制应该是上述两种机制的结合（见图 4-17）。

我们所提出的哈特—穆尔式机制与关系型相机治理机制相结合的治理机制中，蕴含下面的自我实施机制：

（1）由于非知识型员工对组织产生的个人贡献的可衡量性，无论组织产出为何值，均以高于其外部机会的市场价值份固定报酬 I_1 对其进行激励。这虽然会出现哈特—穆尔式企业中工人的胁迫问题，但可以通过提高该员工群体的流动性加以解决。

（2）组织产出 ≥N 时，组织进入知识型内部人控制区域。在这个区域，投资者获得固定收益 S_1，知识型内部人除获得固定收益 I_2 外，还获得除投资者固定收益、非知识型员工固定收益、自身固定收益外的全部剩余收益。

（3）组织产出 ≤N 时，组织进入外部干预，即关系型监督者控制区域。

在这个区域内，区域的知识型员工只获得固定收益 I_2。

（4）M≤组织产出≤N 时，投资者、知识型员工和非知识型员工均获得固定收益，关系型监督者获得除这些固定收益意外的剩余收益索取权。

（5）关系解散点 B≤组织产出≤M 时，组织产出不足以负担投资者、知识型和非知识型员工的固定收益，但他们仍然领取与内部人控制区域相同的固定收益，不足部分由关系型监督者救助。此区域中关系型监督者的收益为负，称为救助区域。

（6）当组织产出≤企业解散点 B 时，企业进入解散程序，知识型与非知识型员工仍然获得与内部人控制区域相同的固定收益，投资者获得低于 S_1 的固定收益 S_2，不足部分由关系型监督者来承担。

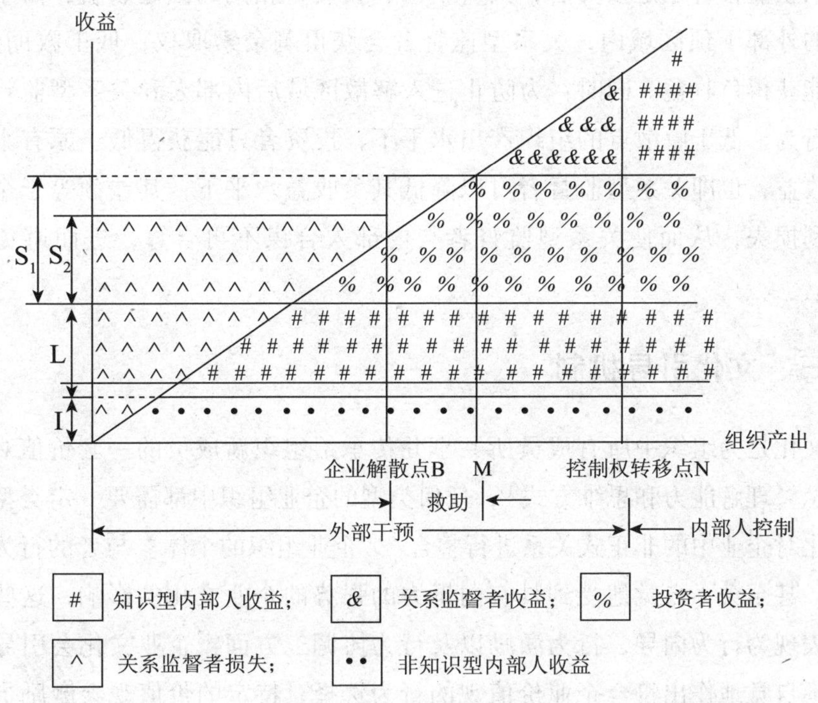

图 4-17 哈特—穆尔式机制与关系型相机治理机制相结合的治理机制

组织产出高于控制权转移点后由知识型内部获得剩余索取权，而低于这一点只能获得固定收益，这对知识型员工构成了充分的人力资产投资和使用以及对非知识型员工进行监督的意愿，同时决策权与知识的对称配置可以赋予其监督和协调的权力，在这样的决策权配置方式与收益分配机制下知识型员工的激励问题可以解决。

无论组织产出为何值，非知识型员工只获得固定收益似乎不足以构成充分激励。但由于其固定收益高于其外部机会的市场价值，其努力水平易于识别，若其不能够达到区域联合产出要求的努力水平，将会被迫离开企业，从而失去高于外部机会市场价值的固定收益。因此，非知识型员工的激励问题也可以解决。

如青木昌彦所述，关系型监督者对组织联合产出的监督激励来自不同的组织产出水平所带来的收益水平。高于控制权转移点的组织产出水平下，如果关系型监督者也是投资者，其会获得和投资者相同的固定收益；高于救助区域的外部干预区域内，关系型监督者会获得剩余索取权；低于救助区域，其只能获得负收益。同时，为防止进入解散区域后内部人和关系型监督者的合谋行为，低于解散点的组织产出水平下，投资者只能获得低于原有水平的固定收益，也即关系型监督者可以降低其负收益水平下，其差额等于企业的纯福利损失，从而使关系型监督者与内部人合谋不再合算，进而避免合谋行为。

三、文化引导机制

文化是为组织中所有成员所共享并传承给组织新成员的一套价值观、指导信念、理解能力和思维方式①，任何类型的企业组织中都需要一定类型的组织文化对企业中的非正式关系进行整合②。企业组织的个体参与者的行为会自觉地，甚至会不自觉地受到具有内聚力的强势的企业文化的影响，这些影响主要表现为行为向导、行为激励以及行为协调三方面：企业文化会引导企业成员不自觉地作出符合企业价值观的行为选择；特定的价值观会激励员工在

① Linda Smircich，Comceptsof Culture and Organizational Analysis，Administrative Scienec Ouarterly 28 (1983)：339-358.

② 陈传明．知识经济条件下企业组织的结构化改造［J］．南京大学学报（哲学·人文科学·社会科学），2000（1）：38-46.

特定的环境中表现出符合企业需要的行为；受同一价值观的影响，企业员工在不同时空的行为准则必然会趋向相互协调一致[①]。

将企业决策权与组织成员拥有的不同知识进行对称分布，以及在组织中使用哈特—穆尔式机制与关系型相机机制相结合的治理机制，在理论上可以解决企业成员的激励问题。但必须看到，上述权力配置方法与治理机制得以成功实施的存在一定的假设前提，即组织成员所拥有的知识和企业剩余的可测度性。只有准确地对组织成员的知识拥有情况进行测度，才有可能实现企业决策权与成员组织的对称分布；只有准确地对企业剩余进行测度，才会实现上述治理机制的激励效果。

对以人力资产形式存在的个体隐性知识和在组织产出实施之后才能出现的企业剩余进行准确地测度显然是不可能的，因此，企业决策权与成员知识实现完全的对称分布以及我们所提出的治理机制发挥完全的作用只能是理论上的完美期望，不可能在现实中得以实现。由于现实的局限性所造成的企业成员的激励真空，可以通过符合知识经济背景要求的强势企业文化来填补，因此，我们所指的文化引导机制就是通过文化的行为导向、行为激励以及行为协调这三方面的作用作为以决策权和企业剩余索取权为激励杠杆的治理机制的补充，实现其对企业参与者的行为努力向组织目标加以引导的机制。

由于企业文化自身的特征，其只要成为企业文化，即成为组织成员间关于特定价值观重要性的一致性意见，就会依靠自身的特性发挥引导机制。因此，我们所讨论的知识经济背景下的企业组织文化引导机制问题实际上集中在这种背景下的企业文化应该具备怎样的特征以及应该如何来形成这种文化。我们认为，如何形成符合知识经济背景特征的企业文化属于企业组织的优化问题，拟后文讨论，本部分则对符合知识经济背景企业组织成员引导功能的文化特征进行规范性讨论。

传统理论对文化类别的区分基于两个因素[②]：第一，竞争性环境所需的灵

① 陈传明. 知识经济条件下企业组织的结构化改造［J］. 南京大学学报（哲学·人文科学·社会科学），2000（1）：38-46.

② R. E. Quinn, Beyond Rational Manabement: Mastering the Paradoxes and Competing Demands of High Performance. San Francisco; Jossey-Bass, 1988.

活性或稳定性程度；第二，战略重心和强度侧重于内部或是外部的程度。在这两个因素差异性基础上存在四种文化类别：针对灵活性竞争环境、侧重于外部的适应性/企业家精神文化，针对稳定性竞争环境、侧重于内部的使命型文化，针对灵活性竞争环境，侧重于内部的小团体式文化，以及针对稳定性竞争环境、侧重于内部的官僚制文化。我们认为，仅仅以环境需求和战略重心作为区分的企业文化类别显然不能够适应知识经济背景的要求，知识经济背景在以下方面对企业文化提出新的要求：第一，企业知识活动分工的差异性要求不同类型的员工接受不同的价值观，因此，对组织文化提出了多元化要求；第二，企业活动的知识特征要求企业成员对知识的共享，从而提出参与型、共享型的文化要求；第三，企业知识活动要求企业成员具备一定的人力资产特征，并要求企业成员不断改善提高人力资产，从而提出学习型的文化要求；第四，知识经济背景下企业的高度分权特征提出了企业组织中的自主型文化要求。基于组织经济背景下对企业文化的上述新要求，在具有高度知识活动特征的企业组织中的文化应该是一种学习型、自主型和参与型的多元文化。这种文化具有多元化的价值观，引导企业成员提高知识学习、共享和参与知识决策的意愿，并把违背这种原则的参与者行为视为不可接受，从而可以在哈特—穆尔机制和关系型相机治理机制相结合的治理机制所留下的缝隙中发挥强大的激励作用。

第五章　知识逻辑下的企业组织结构有效性评价

前文关于符合知识经济背景的企业组织结构的组成部分——功能结构、知识传统机制与治理机制的讨论在本质上是一种规范性分析，完全是建立在比较分析和演绎推理基础上的，在企业运行过程中能否实现其结构有效性，根据前文的讨论不能够做出准确的判断，从本书所涉及的知识逻辑下的企业组织设计与优化问题的研究目标和研究结构来看，对知识逻辑下企业组织结构设计在企业组织运行中的有效性进行评价时检验组织设计思考与方法合理性以及为企业组织优化提供方向和操作依据的必要部分。

由于知识经济背景下企业环境和企业组织活动等要素特征不同于传统经济背景，原有的关于企业组织有效性评价的相关方法是否可以沿用的问题值得探讨，以此也必须对包含知识逻辑下企业组织结构有效性评价的理论基础，评价思路以及评价过程的评价体系进行重新的探讨和构建。本章手续对传统的关于企业组织结构有效性评价的方法进行评述，然后提出自己的观点，建立一整套知识逻辑下的企业组织机构有效性评价体系。

第一节　企业组织结构有效性评价方法评述

传统的企业组织结构有效性评价方法多将组织结构作为对组织绩效产生影响的子要素进行评价，即将组织结构包容更高的系统层面，对包容组织结构的系统有效性进行评价，而不能单独识别组织结构的有效性，传统观点认为，组织有效性是组织实现其目标的程度①，对作为组织要素之一的组织结构

---

① Etzoni, Modern Organizations, New York: Wiley, 1983.

的有效性的评价也多从组织目标的角度考虑，如传统的组织有效性评价的目标方法、系统资源方法、内容过程方法以及利益相关者方法。同时，近年来出现的对企业智力资本（Intellectual Capital）的评价方法中也将组织结构作为影响企业智力资本价值的要素之一进行评估①，成为企业组织结构有效性评价的新视角。另外，国内有学者将组织结构作为组织支持系统的组成要素、将其对组织和谐性的贡献作为有效性目标，为组织结构的有效性评价提供了一定的参考依据。

一、企业组织结构有效性评价的传统方法

可以发现，对组织有效性评价的传统方法的分类是基于该评价方法所关注的组织目标的不同方面。组织有效性评价的目标方法是关注组织的产出方面以及组织能否按照期望的产出水平完成目标，系统资源方法通过考察组织能否为较高的组织绩效有效地获得必要的资源来评价其有效性，内部过程方法通过考察组织的内部活动并通过一定的内部效率指标来评价组织有效性，利益相关者方法则认为应该从更全面的指标体系出发，通过考察组织实现组织内外部的利益相关者所关注的不同目标的程度来评价有效性。

组织有效性评价的目标方法采用的指标多为盈利指标，成长指标、市场份额指标、社会责任目标、雇员福利指标、产品质量与服务指标、研究与开发指标、差异化指标以及效率指标等，50%以上的美国企业在采用这些多重指标对组织有效性进行评价。我们认为，这种方法的问题有两个方面：①某些评价指标如雇员福利和社会责任等不能够客观的衡量，只能进行主观估计，因此影响了评价结果的信度和效度；②构成组织系统的各要素的绩效不能够从评价结果中单独识别，因此，也就不能够根据评价结果进行组织系统要素的优化与变革。显然，组织结构作为组织系统的组成要素的有效性不能够在这种方法中得出评价结果。从根本上来说，这种评价方法是结果导向型，而非管理导向型的。

---

① Nick Bontis，Assessing Knowledge Assets：a review of the models used to measure intellectual capital-Intefnational Journal of management Reviews，Volume 3，Issue 1，pp. 41-60.

组织有效性评价的系统资源方法将组织有效性定义为组织开发环境取得稀缺的和有价值的资源的能力。这种方法在很难衡量产出目标和内部效率时尤其有用，但除同样存在不能够单独识别各系统要素对组织有效性的贡献的问题外，其将注意力集中于组织的资源获取能力而不是组织的资源使用能力，极有可能导致组织有效性评价结果上的片面性。

组织有效性评价的内部过程方法将组织有效性通过内部组织健康和效率指标衡量，认为有效性的组织应该具有平滑的内部过程，雇员应该是高兴和满意的，部门的活动相互交织以保证较高的生产率。在评价指标的选族上既使用定量的投入以产出比率（O/I），也可使用下面的定性指标：浓厚的公司文化和积极的工作氛围；团队精神；工人与管理者之间的信心、信任与沟通；决策靠近信息资源，而无论这些资源处于组织的什么位置；非扭曲的横向和纵向沟通以及组织各要素之间是否按照组织利益解决冲突。这种方法的优点在于能够充分反映资源利用的效率和内部功能的协调性，能够在一定程度上区分组织系统各要素对组织有效性的贡献，其不足在于过于注重内部效率，不能够衡量组织总产出和组织以及外部环境的关系，同时在对反映组织内部健康和效率的定性指标的运用上不可避免地带有主观性。

组织有效性评价的利益相关者方法的理论基础在于组织目标的利益相关者观点，认为不同的利益相关者在组织中有不同的利益，每个利益相关者都有不同的有效性标准，因此，应该选取能够反映不同利益相关者集团目标要求的评价指标体系对组织有效性进行评价，如能够反映所有者要求的财务收益率指标，能够反映雇员要求的满足程度和薪酬指标、能够反映顾客要求的产品或服务质量指标、能够反映债权人要求的信用指标、能够反映社区要求的社区事务贡献指标等。这种方法的长处在于对组织有效性的全方位评价，并将环境因素与组织内因素同样对待，能够对组织有效性尤其是适应性进行较准确的反映，其不足同样在于组织系统要素的有效性单独识别的困难性，从而不能够提供组织优化的方向和程度依据。

二、组织有效性评价的智力资本视角

20 世纪 80 年代以来，知识对于组织成功的重要性日益得到认识，通过企业运作和组织管理过程所形成的智力资本的数量和质量成为衡量组织有效性的重要标准。在这期间，出现了对智力资本进行评价的 Skandia Navigator 模型、IC Indes 模型、lntangible Asset Monitor 模型、Technology Broker 模型、用于 IC 的 EVA 方法以及 Citation-weighted Patents 模型。这些模型使用定性或定量方法，对智力资本评价问题提出了不同的思路。其中的大部分对影响智力资本动态形成和静态存量的组织系统诸要素进行了划分和归类，并设计相应的指标体系进行测评。组织结构作为组织系统的重要要素，其对智力资本的贡献即智力资本视角的有效性评价问题在上述大多数模型中均有涉及。

1. Skandia Navigator 模型

Skandia Navigator 模型集中关注于 5 个领域的内容：财务、顾客、过程、更新与发展以及人力资本。其将智力资本分为人力资本和结构资本两大类：人力资本指公司员工掌握的知识、技能、创新能力等，其不为公司所拥有；结构资本指硬件、软件、钻石结构、专利、商标等一切能支持员工生产率的组织能力。结构资本既可以为组织拥有和交易，又可以进一步分为客户资本和组织资本，组织资本又包括革新资本和过程资本。在上述关于智力资本分类的基础上使用由若干指标构成的指标体系评价构成导航器模型的 5 个核心领域。

Edvinsson 和 Malone（1997）将包括直接计量、金额、比例、调查结果等 112 个指标通过同类比较等方式的处理最终转化为比例和货币两种类型的指标。将货币指标（Monetary Measurement）通过事先设定的权重结合起来，就可以得到一个组织的总的 IC 价值（C）；而将比例指标（Percentages）结合起来就可以形成突出放映组织“速度，位置与方向”特征的 IC 效率系数（I）。一个组织的 IC 值就是这二者的乘积，即

$$组织智力资本 = I \times C$$

Skandia 模型认识到客户资本对组织价值创造的作用，广泛涵盖了组织结构与过程要素，集中关注于过程及其组织价值的更新与发展贡献。其缺点在于没有为 IC 提供直接的货币价值的衡量，而是使用替代性指标衡量 IC 的价值，而且只提供了一个时点上的知识资产的值，而非一个动态的衡量模型。

2. IC lndes 模型

IC lndes 模型是“第二代”IC 评价实践的一个范例，它试图将所有不同的单个指标合并成一个单独的指数，并将 IC 的变化与市场的变化协调起来。智力资本的任何测量尺度都能与公司里的具体工作保持清晰的对应关系，并通过指标来进行反映。

该模型将公司的智力资本划分为关系资本、人力资本、基本结构与设施资本、创新资本等几个具有战略意义的领域。每个领域都用反映战略，公司特征/行业特性等几个方面因素的指标来衡量。在以上四个领域分别使用指标计算出相应的指数，最后将四个指数相加就得到总体的 IC 指数。

该模型的优点在于关注对 IC 的动态监控，为认识公司提供了全新的清晰观角，并且是一个能够自行纠错的指数，缺点在于该模型只采用了 IC 存量的代理指标（Proxy Meaaures），而且 IC 指数数具有非常的情景独特性（contestspecific），因此其应用就被局限于公司之中，另外，IC 指数将过去的绩效纳入计算范围，那些“一次性时间”就会在发生后的几年之内对指数的上下波动产生重大的影响。

3. Intangible Asset Monitor 模型

Intangible Asset Monitor 模型采用动态的指标来评估智力资本的价值。其基本方法是提出一个包括三个无形资产体系的概念框架，外部结构（Intemal Structure）包括组织、管理、法定结构，员工态度，RD 和软件等；员工能力（Individual Competence）包括教育状况，工作经验等，为三种无形资产确定了三类评价指标；成长和更新（Growth and Renwal）、效率（Efficiency）、稳定性（Stability），然后为用来评价知识组织三类无形资产的三类评价指标分别列出专门指标，在逐一获取有关这些指标的数据与信息后，对一个企业的 IC 做出总结性的评价。

该模型的优点在于它是一种动态的评价方法，同时强调人力资本的重要性，其缺点在于它只在某些条件下适用，从战略层面评估知识资产偏重于内部管理，无法进行外部比较。

4. Technology Broker 模型

Technology Broker 模型由三个测量模型组成，通过 Technology Broker 的 IC

审计（audit）来计算IC的美元价值。其基本方法是：①对IC的分类：将IC定义为由市场资产（mzrket assets）、智力产权资产（intellectual property assets）、人力集中资产（human-centered assets）和基础的结构资产（infra-structure assets）四个部分紧密结合的“混合物”。②Technology Broker模型的诊断过程是企业回答20个问题从而建立IC的指标开始。根据测试的结果，如果一个公司能够对这20个问题做出肯定答复的数目越少，就越有必要加强对其智力资本的关注。③通过一系列针对各类资产应有的贡献的特定审计问题的调查表评价企业的IC，为了确定企业智力资产的隐含价值，Technology Broker模型一共询问178个问题。④完成了对目标企业IC Technology Broker审计后，Brooking提供了三种方法计算通过审计所识别的IC货币价值：基于资产重置成本估价的成本法、使用市场上相似可比较的资产进行评估的市场法和评估资产的获利能力（净现金流入的NPV）的收益法。该模型的优点是为组织识别IC的价值提供了一个“工具箱”，缺点则是计算IC的货币价值时由于许多IC组成要素有效市场价值信息的缺乏而难以实现市场法的实际操作，同时由于现金流模型固有的主观性与不确定性了降低收益法的可行性。

5. 用于IC的EVA方法

EVA（Economic Value Addde）方法作为一种绩效测量的工具，由Stern Stewart最早引入，Bontis等将其用于IC价值的测量中，该方法基于有效的知识资产管理可以增加企业的EVA的基本假设，使用下面的计算公式：

EVA = net sales − operating expenses − taxes − capital charges

该方法的优点是计算简便，结果直观，易于理解，缺点在于IC的测量过程是一个“黑箱”，管理者无法了解企业IC的来源和贡献，组织结构对IC的贡献也不能够在该方法中得到反映。

6. Citation-weightde Patents 模型

Citation-weightde Patents模型由道氏化学公司（Dow Chenical）发明，该方法使用专利作为一个替代变量来测量一个公司的IC，基本方法是：①确定知识在公司中的作用；②评估公司的竞争战略和知识资产；③对公司的知识资产组合进行分类；④评估这些资产的价值决定是保留、发展、转让还是放弃；⑤在新发现的空隙（gap）进行投资；⑥重新构建新的知识组合，重复上述过程。该方法的特点在于将专利数作为公司智力资产评估的指标具有一定的合理性，其专利评估过程可以测量公司内部的智力资产创造过程，也便于公司与竞争对手在资产管理和创建反面进行比较；但该方法不能将智力资产的创造与包括组织在结构在内的组织系统的其他要素结合考察，其智力资产的含义具有很明显的片面性，因而不能为智力资产的提高和改善提供管理上的全面建议。

三、和谐管理理论关于祖师有效性的分析

近年来，有国内学者提出和谐管理理论（席酉民，1989；席酉民、尚玉钒，2002），主张从组织内在运行的整体性视角来考察和评价组织管理的有效性，认为实现组织有效性的前提是组织的主题和谐和系统和谐，具体体现在组织意图、组织安排、组织行为与外部环境匹配关系上（见图 5-1）。

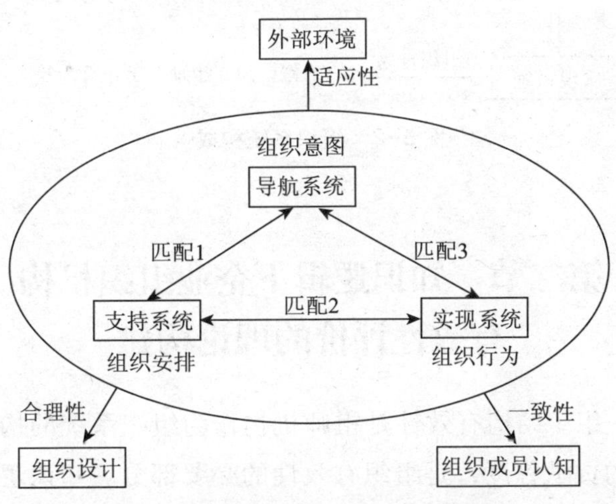

图 5-1　组织和谐测定指标体系示意[①]

席酉民等认为，反映组织有效性的组织系统和谐应该包括以下六个方面的关系：①企业导航系统反映的组织意图与支持系统组织安排之间的匹配关

① 席酉民，尚玉钒．和谐管理理论［M］．北京：中国人民大学出版社，2002（159）．

系；②企业支持系统组织安排与实现系统组织行为之间的匹配关系；③企业实现系统组织行为与导航系统的组织意图之间的匹配关系；④企业对外部环境的适应性；⑤企业组织安排的科学合理性；⑥企业成员对整个组织过程认知的一致性。其中，导航系统、支持系统以及实现系统是按照系统层次不同对组织系统要素的划分，如图 5-2 所示。

我们认为，这种按照系统层次对组织系统要素划分的方法有利于对组织有效性的整体性分析。其不仅可以涵盖所有的组织系统要素，而且更有利于对组织系统要素之间关系的分析与考察。按照这样的思路对组织有效性进行评价，则既能够清晰识别各要素的有效性贡献现状，又可以对系统要素之间的关系做出评价，并且能够为组织优化提供较好的思路。

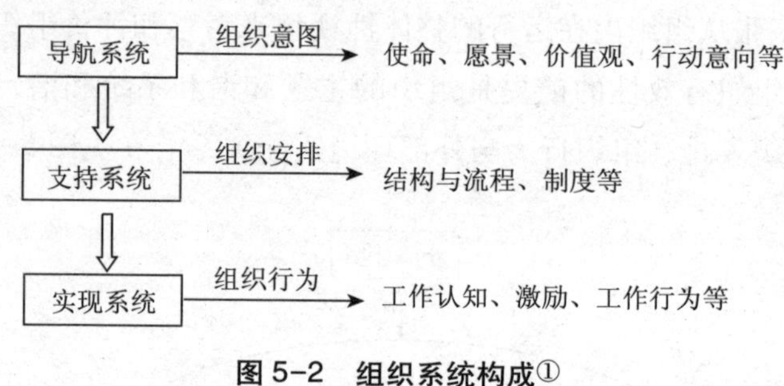

图 5-2 组织系统构成①

第二节 知识逻辑下企业组织机构有效性评价的理论构建

我们认为，组织结构有效性是祖师机构作为组织系统的构成要素在组织目标实现方面的贡献程度，是组织有效性的必要部分。知识逻辑下的企业组织机构有效性评价与传统组织结构有效性评价的相同点在于两者的评价准则均为组织结构作为组织系统要素在帮助组织目标实现方面所表现出的有效性程度，不同点则是由于两者对组织结构的内容和规范特征的认识不同而引发

① 席酉民，尚玉钒．和谐管理理论［M］．北京：中国人民大学出版社，2002：157.

的评价思路与评价指标体系等方面的差异。本部分将遵循知识经济背景下企业组织结构的特征及其有效性发挥的规律，以前文所述知识逻辑下企业组织机构的设计结果为基础，构建知识逻辑下的企业结构有效性的评价体系。

通过前文的分析，我们认为要对知识逻辑下的企业组织机构有效性实现客观正确的评价，必须一次解决好下列问题：

（1）对组织结构有效性这一评价总目标进行诸层分解，从而建立评价系统的梯阶层次结构，使最终分解后的评价要素可以通过调查问卷进行直接的判断；

（2）为保证递阶层次结构中的各层次要素间的可传递性、属性一致性和功能依存性，必须对通过使用分解法建立的递阶层次结构进行检验，建立递阶层次模型；

（3）由于知识逻辑下的企业组织结构有效性的评价特点适宜使用模糊综合评判法，在通过使用分解法得到的评价项目进行评价时，必须确定各评价项目的权系数。我们认为，可以通过使用 AHP 方法中的判断矩阵构造和检验方法来确定评价项目的权系数；

（4）为保证评价的客观性和全面性，必须设计合理的调查问卷，确定合适的调查对象群体。

因此，我们提出下面对组织结构有效性评价的思路：

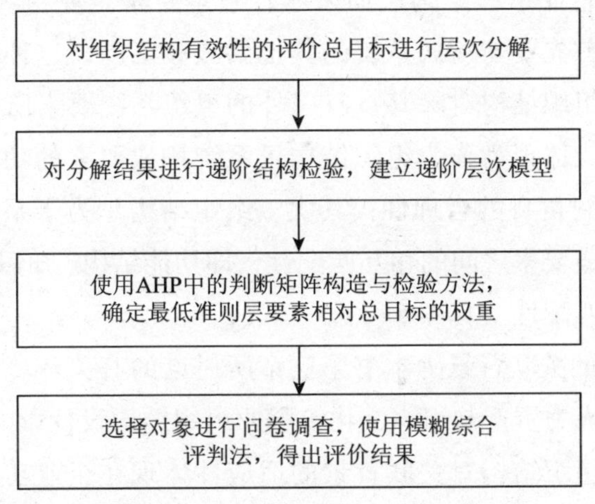

第三节 评价要素的递阶结构模型建立

一、知识逻辑下的企业组织结构有效性的实现机制与层次分解

如前文所述，我们在知识逻辑下所进行的企业组织结构设计包括三方面的内容：①对企业知识创造与使用活动进行分工和任务单元设计，并确定任务单元间协调关系的功能结构；②涵盖组织与外部环境、任务单元之间和个体参与者之间知识传递关系的知识传递机制；③通过决策权和剩余索取权配置以及文化引导机制的建立实现企业组织参与者激励与控制的治理机制。我们认为，知识经济背景下的企业组织有效性在于企业知识活动的有效性，之所以出现传统观点对组织有效性的不同理解是因为组织有效性选择的衡量角度不同。组织结构作为企业组织系统的要素层面之一，其有效性程度在于作为组织系统的构成要素在促进企业活动有效性方面的有用程度。

按照一般系统论的观点，某一系统既要在其作为构成要素的更高系统中保持其合理性，即与更高系统中的其他要素相适应；又要保持其自身结构的合理性，即系统要素和系统要素之间关系的合理性，才能在系统目标实现中发挥其有效性。从企业组织结构层面来看，它本身是企业组织系统的子系统，其有效性的发挥首先要与所属系统的其他要素相匹配，这种匹配在企业组织结构层面表现为组织结构对除其自身以外的组织系统要素所构成的关联背景的适应，这种适应体现为作为组织结构子系统构成要素的功能结构，知识传递机制和治理机制自身的合理性；其次，组织结构作为子系统，其有效性的发挥还在于其构成要素之间的相互匹配性，即功能结构、知识传递机制和治理机制之间的相互匹配性（见图 5-3）。

图 5-3 所指的关联背景为本书第三章所讨论的有关环境、企业战略与目标、组织知识、人力资产与组织文化等企业组织结构设计影响要素的集合体、知识背景下企业组织结构对关联背景的适应性体现在企业功能结构、知识传递机制和治理机制对上述组织结构设计影响要素集合体状态的全变适应性。

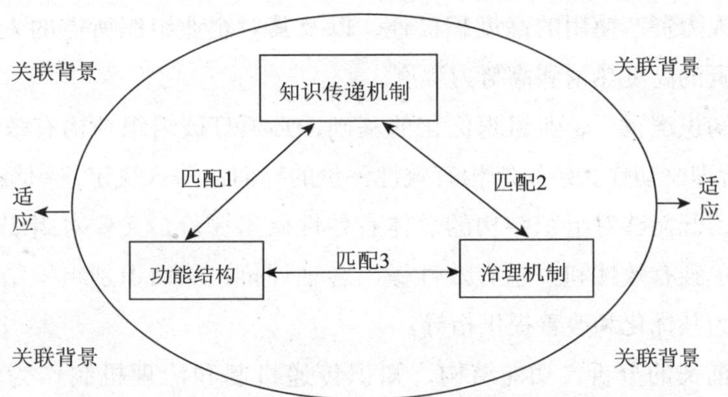

图 5-3　知识逻辑下企业组织结构有效性的实现

知识逻辑下的企业组织结构作为住址安排的重要方面，只有保持自身的系统协调性，并且能够适应更高系统——关联背景的要求，才能够实现企业知识活动方面的有效性。因此，知识逻辑下企业组织结构的有效性实现的前提就体现在以下六个方面：

（1）组织功能结构对组织关联背景的适应性；

（2）组织知识传递机制对组织关联背景的适应性；

（3）组织治理机制对组织关联背景的适应性；

（4）组织功能结构与知识传递机制的匹配性（匹配 1）；

（5）组织治理机制与知识传递机制的匹配性（匹配 2）；

（6）组织功能结构与治理机制的匹配性（匹配 3）。

从知识经济背景下企业组织结构的有效性结果层面来看，组织结构对关联背景的适应性与组织结构构成要素间的匹配性应体现一定的企业组织运行状态和参与者激励状态，这种状态作为组织结构有效性的结果恰恰是组织实现有效性的重要原因之一。根据本书前文的讨论，知识经济背景下企业组织结构的有效性应表现为企业知识活动的有效性，具体来说，就是与组织目标一致的高效的知识获取、创造、传递和使用过程以及员工的高激励状态。其中，与组织目标一致的高效的知识活动体现在面向外部环境和企业内部各层面的知识获取、各单元任务的高效完成和协调，进而创造出反映较高组织有效性的组织知识产出；而员工的高激励状态则体现在知识型和非知识型员工对于原有人力资产使用的高度积极性，以及其对企业组织所需的人力资产类型进行投资的高度热情和高努力程度。

作为知识逻辑下企业组织优化的基础，必须打破组织结构有效性的“黑箱”，以管理驱动作为组织结构有效性评价的导向，深入决定组织结构有效性的各领域，既能够对组织结构的总体有效性做出评价，又要对组织结构的构成要素的单独有效性和关系有效性做出合理评价，从而识别组织结构失效原因所在，为其优化和改善提供指导。

根据前文的分析，功能结构、知识传递机制和治理机制作为知识逻辑下企业组织结构的构成要素，其自身和相互间关系成为组织结构有效性评价的关键领域，要素对关联背景的适应性和相互间的匹配性成为决定组织结构有效性的关键准则。从这个意义上来讲，企业组织结构有效性评价的知识逻辑体现在按照该逻辑下企业组织设计的思路对组织结构的构成要素进行划分，也体现在将知识经济背景对组织结构有效性的要求反映在评价过程中。

遵循上述和前文的组织设计思路，我们组织结构有效性的评价总目标进行逐级分解。

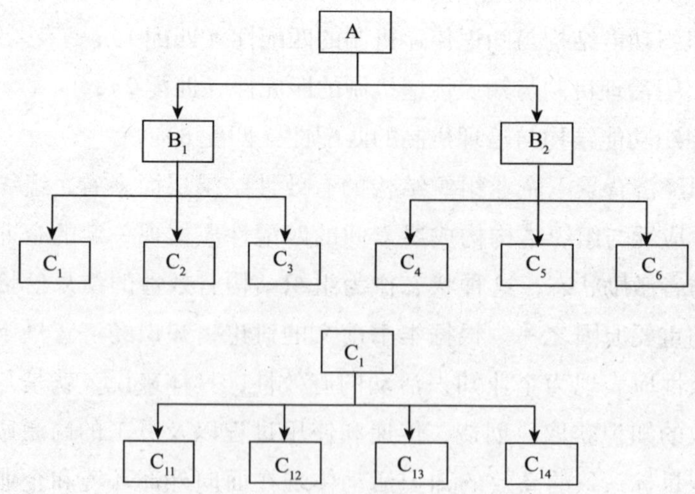

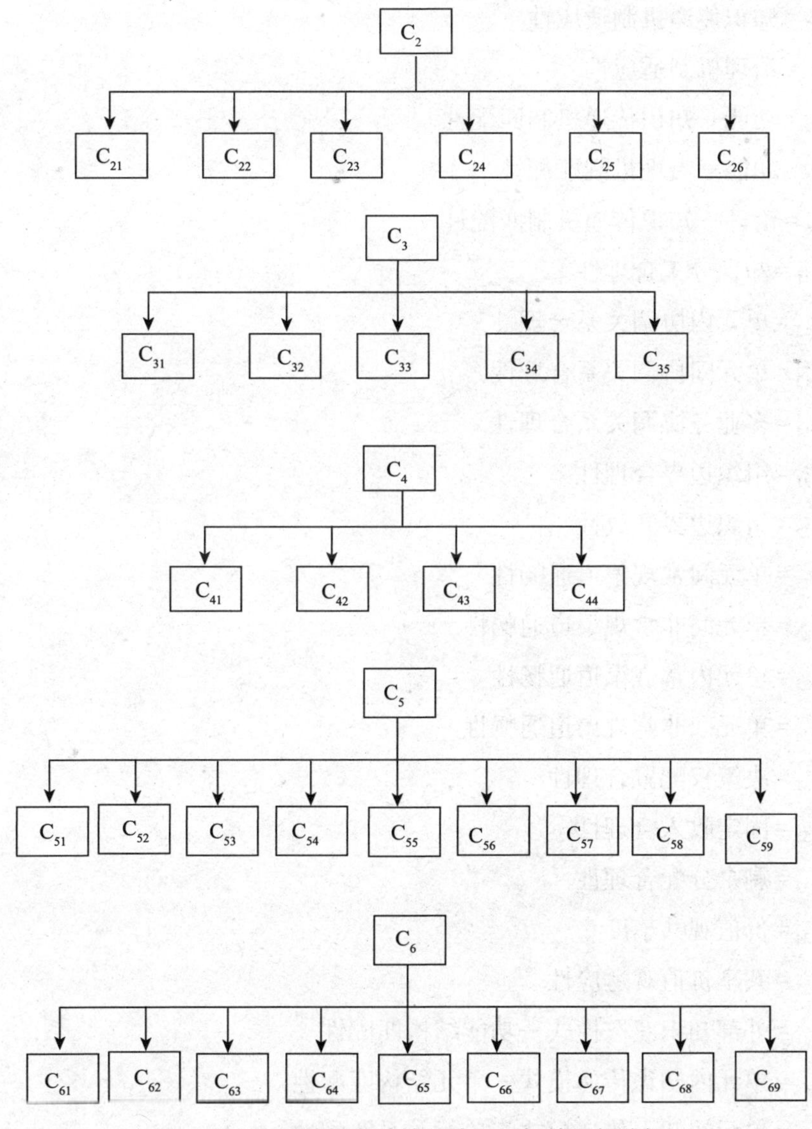

图 5-4　组织结构有效性评价总目标的层级分解

A＝组织结构有效性

B_1＝组织结构要素适应性

B_2＝组织结构要素匹配性

C_1＝功能结构适应性

C_2=知识传递机制适应性

C_3=治理机制适应性

C_4=功能—知识传递机制匹配性

C_5=功能—治理机制匹配性

C_6=治理—知识传递机制匹配性

C_{11}=知识分工合理性

C_{12}=单元内协调关系合理性

C_{13}=单元间协调关系合理性

C_{14}=多业务协调关系合理性

C_{21}=组织边界合理性

C_{22}=组织边界开放性

C_{23}=单元间常规渠道通畅性

C_{24}=单元间非常规渠道通畅性

C_{25}=单元内常规渠道通畅性

C_{26}=单元间非常规渠道通畅性

C_{31}=决策权配置合理性

C_{32}=固定收入合理性

C_{33}=剩余分配合理性

C_{34}=价值观共享度

C_{35}=共享价值观适应性

C_{41}=外部知识获取模式—功能结构匹配性

C_{42}=单元内知识传递模式—单元结构匹配性

C_{43}=单元间知识传递模式—单元关系匹配性

C_{44}=跨业务知识传递模式—多业务组织匹配性

C_{51}=决策权—外部知识获取结构匹配性

C_{52}=决策权—单元间知识传递机制匹配性

C_{53}=决策权—单元间知识传递机制匹配性

C_{54}=剩余分配—外部知识获取结构匹配性

C_{55} =剩余分配—单元间知识传递机制匹配性

C_{56} =剩余分配—单元内知识传递机制匹配性

C_{57} =组织文化—外部知识获取结构匹配性

C_{58} =组织文化—单元间知识传递机制匹配性

C_{59} =组织文化—单元内知识传递机制匹配性

C_{61} =决策权—业务结构匹配性

C_{62} =决策权—单元间关系匹配性

C_{63} =决策权—单元内结构匹配性

C_{64} =剩余分配—业务结构匹配性

C_{65} =剩余分配—单元间关系匹配性

C_{66} =剩余分配—单元内结构匹配性

C_{67} =组织文化—业务结构匹配性

C_{68} =组织文化—单元间关系匹配性

C_{69} =组织文化—单元内关系匹配性

二、组织结构有效性评价指标系统要素的递阶结构检验

通过对知识逻辑下企业组织结构有效性的实现机制进行分析并参考组织设计思路后得到的组织结构有效性评价目标的分解结果是对组织结构有效性评价指标系统的人为要素划分，划分的结果是否符合 AHP 应用中对递阶层次结构各层次要素的可传递性、属性一致性和功能依存性要求，必须按照 ISM 技术中递阶结构模型的建立方法进行必要的处理和检验。

以反映系统要素二元可达关系的可达矩阵为基础，以矩阵变换为主线的递阶结构模型的建立过程如图 5-5 所示。

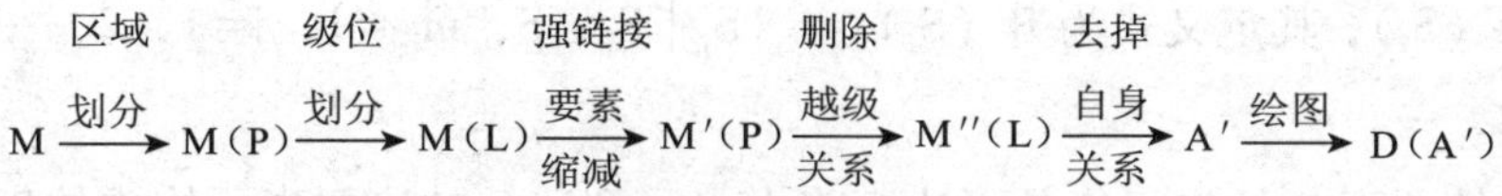

$$M \xrightarrow[\text{}]{\text{区域划分}} M(P) \xrightarrow{\text{级位划分}} M(L) \xrightarrow{\text{强链接要素缩减}} M'(P) \xrightarrow{\text{删除越级关系}} M''(L) \xrightarrow{\text{去掉自身关系}} A' \xrightarrow{\text{绘图}} D(A')$$

图 5-5　递阶结构建立和检验过程

1. 组织结构有效性评价指标系统的矩阵表达

组织结构有效性评价指标系统 S 由 46 个要素（S_1，S_2，…，S_{45}）组成，其中：

$S_1=A$，$S_2=B_1$，$S_3=B_2$，$S_4=C_1$，$S_5=C_2$，$S_6=C_3$，$S_7=C_4$，$S_8=C_5$，$S_9=C_6$，$S_{10}=C_{11}$，$S_{12}=C_{13}$，$S_{13}=C_{14}$，$S_{14}=C_{21}$，$S_{15}=C_{22}$，$S_{16}=C_{23}$，$S_{17}=C_{24}$，$S_{18}=C_{25}$，$S_{19}=C_{26}$，$S_{20}=C_{31}$，$S_{21}=C_{32}$，$S_{22}=C_{33}$，$S_{23}=C_{34}$，$S_{24}=C_{35}$，$S_{25}=C_{41}$，$S_{26}=C_{42}$，$S_{27}=C_{43}$，$S_{28}=C_{44}$，$S_{29}=C_{51}$，$S_{30}=C_{52}$，$S_{31}=C_{53}$，$S_{32}=C_{54}$，$S_{33}=C_{55}$，$S_{34}=C_{56}$，$S_{35}=C_{57}$，$S_{36}=C_{58}$，$S_{37}=C_{59}$，$S_{38}=C_{61}$，$S_{39}=C_{62}$，$S_{40}=C_{63}$，$S_{41}=C_{64}$，$S_{42}=C_{65}$，$S_{43}=C_{66}$，$S_{44}=C_{67}$，$S_{45}=C_{68}$，$S_{46}=C_{69}$

$S_1\sim S_{45}$中有直接关系的要素对集合为：

Rb=｛(S_2，S_1)，(S_3，S_1)，(S_4，S_2)，(S_5，S_2)，(S_6，S_2)，(S_7，S_3)，(S_8，S_3)，(S_9，S_3)，(S_{10}，S_4)，(S_{11}，S_4)，(S_{12}，S_4)，(S_{13}，S_4)，(S_{14}，S_5)，(S_{15}，S_5)，(S_{16}，S_5)，(S_{17}，S_5)，(S_{18}，S_5)，(S_{19}，S_5)，(S_{20}，S_6)，(S_{21}，S_6)，(S_{22}，S_6)，(S_{23}，S_6)，(S_{24}，S_6)，(S_{25}，S_7)，(S_{26}，S_7)，(S_{27}，S_7)，(S_{28}，S_7)，(S_{29}，S_8)，(S_{30}，S_8)，(S_{31}，S_8)，(S_{32}，S_8)，(S_{33}，S_8)，(S_{34}，S_8)，(S_{35}，S_8)，(S_{36}，S_8)，(S_{37}，S_8)，(S_{38}，S_8)，(S_{39}，S_9)，(S_{40}，S_9)，(S_{41}，S_9)，(S_{42}，S_9)，(S_{43}，S_9)，(S_{44}，S_9)，(S_{45}，S_9)，(S_{46}，S_9)｝

在上述基础上建立反映结构有效性评价指标系统要素间关系的邻接矩阵见附件 1：M（可达矩阵）。

2. 区域划分：将 S 划分为关于给定二元关于系 R 的相互独立的区域

首先给出 S_i的可达集、先行集、共同集和起始集列表。

系统要素 S_i的可达集是可达矩阵中由 S_i可到达的诸要素所构成的集合，记为 R（S_i），其定义式为 $R(S_i)=\{S_j \mid S_j \in S,\ m_{ij}=1,\ j=1,\ 2,\ \cdots,\ n\}$，$i=1,\ 2,\ \cdots,\ n$。

系统要素 S_i的先行集是可达矩阵中由可到达 S_i的诸要素所构成的集合，

记为 A（S_i），其定义式为 $A(S_i)=\{S_j \mid S_j \in S,\ M_{ji}=1,\ j=1,\ 2,\ \cdots,\ n\}$，$i=1,\ 2,\ \cdots,\ n$。

系统要素S_i的共同集是S_i在可达集和先行集的共同部分，记为C（S_i），其定义式为C（S_i）＝｛S_j｜$S_j \in S$，$M_{ji}=1$，$M_{ji}=1$，$j=1, 2, \cdots, n$｝，$i=1, 2, \cdots, n$。

系统要素集合S的起始集是在S中只影响（到达）其他要素而不受其他要素影响（不被其他要素到达）的要素所构成的集合，记为B（S），其定义式为B（S）＝｛S_j｜$S_j \in S$，C（S_i）＝A（S_i），$i=1, 2, \cdots, n$｝

表5-1　组织结构有效性指标系统要素可达集、先行集、共同集和起始集列表

S_j	R（S_j）	A（S_i）	C（S_i）	B（S_i）
1	1	1，2，3，4，5，6，7，8，9，10，11，12，13，14，15，16，17，18，19，20，21，22，23，24，25，26，27，28，29，30，31，32，33，34，35，36，37，38，39，40，41，42，43，44，45，46	1	
2	1，2	2，4，5，6，10，11，12，13，14，15，16，17，18，19，20，21，22，23，24	2	
3	1，3	3，7，8，9，25，26，27，28，29，30，31，32，33，34，35，36，37，38，39，40，41，42，43，44，45，46	3	
4	1，2，4	4，10，11，12，13	4	
5	1，2，5	5，14，15，16，17，18，19	5	
6	1，2，6	6，20，21，22，23，24	6	
7	1，3，7	7，25，26，27，28	7	
8	1，3，8	8，29，30，31，32，33，34，35，36，37	8	

续表

S_j	R（S_j）	A（S_i）	C（S_i）	B（S_i）
9	1，3，9	9，38，39，40，41，42，43，44，45，46	9	10
10	1，2，4，10	10	10	11
11	1，2，4，11	11	11	12
12	1，2，4，12	12	12	13
13	1，2，4，13	13	13	14
14	1，2，5，14	14	14	15
15	1，2，5，15	15	15	16
16	1，2，5，16	16	16	17
17	1，2，5，17	17	17	18
18	1，2，5，18	18	18	19
19	1，2，5，19	19	19	20
20	1，2，6，20	20	20	
21	1，2，6，21	21	21	21
22	1，2，6，22	22	22	22
23	1，2，6，23	23	23	23
24	1，2，6，24	24	24	24
25	1，3，7，25	25	25	25
26	1，3，7，26	26	26	26
27	1，3，7，27	27	27	27
28	1，3，7，28	28	28	28
29	1，3，8，29	29	29	29
30	1，3，8，30	30	30	30
31	1，3，8，31	31	31	31
32	1，3，8，32	32	32	32
33	1，3，8，33	33	33	33
34	1，3，8，34	34	34	34
35	1，3，8，35	35	35	35

续表

S_j	R（S_j）	A（S_i）	C（S_i）	B（S_i）
36	1，3，8，36	36	36	36
37	1，3，8，37	37	37	37
38	1，3，9，38	38	38	38
39	1，3，9，39	39	39	39
40	1，3，9，40	40	40	40
41	1，3，9，41	41	41	41
42	1，3，9，42	42	42	42
43	1，3，9，43	43	43	43
44	1，3，9，44	44	44	44
45	1，3，9，45	45	45	45
46	1，3，9，46	46	46	46

系统要素集合 S 的起始集为 B（S）=｛10，11，12，13，14，15，16，17，18，19，20，21，22，23，24，25，26，27，28，29，30，31，32，33，34，35，36，37，38，39，40，41，42，43，44，45，46｝。与起始集相反，系统要素集合的终止集式系统的输出要素所构成的集合，即 E（S）=｛S_j｜$S_j \in S$，C（S_j）=R（S_j），i=1，2，…，n｝=｛1｝。

在 B（S）中任取两个要素 bu、bv、R（bu）∩R（bv）≠Φ，而且在 B（S）中，对所有的 u 和 v 均有此结果，所以本书所研究的系统要素集合 S 区域不可分。

3. 级位划分：确定各要素所处层次地位

对于本系统要素集合 S，若用 L_1，L_2，…，L_1 表示从高到低的各级要素集合（其中 1 为最大级位数），则 级位划分的结果可写成：Π（S）=L_1，L_2，…，L_n。

令 L_0=Φ，则有

$$L_1=\{S_j \mid S_j \in S-L_0,\ C_0(S_j)=R_0(S_j),\ i=1,2,\cdots,n\}$$

$$L_2 = \{S_j \mid S_j \in S-L_0-L_1, C_1(S_j) = R_1(S_j), I<n\}$$

$$\vdots$$

$$L_k = \{S_j \mid S_j \in S-L_0-L_1-\cdots-L_{k-1}, C_{k-1}(S_1) = R_{k-1}(S_j), I<n\}$$

对S进行级位划分的过程见表5-2-1~表5-2-4：

表5-2-1 组织结构有效性指标系统要素 L_1 级位划分过程

要素集合	S_j	R（S_j）	A（S_j）	C（S_j）	C（S_j）=R（S_j）	L_1
S-L_0	1	1	1，2，3，4，5，6，7，8，9，10，11，12，13，14，15，16，17，18，19，20，21，22，23，24，25，26，27，28，29，30，31，32，33，34，35，36，37，38，39，40，41，42，43，44，45，46	1	√	1
	2	1，2	2，4，5，6，10，11，12，13，14，15，16，17，18，19，20，21，22，23，24	2		
	3	1，3	3，7，8，9，25，26，27，28，29，30，31，32，33，34，35，36，37，38，39，40，41，42，43，44，45，46	3		
	4	1，2，4	4，10，11，12，13	4		
	5	1，2，5	5，14，15，16，17，18，19	5		
	6	1，2，6	6，20，21，22，23，24	6		
	7	1，3，7	7，25，26，27，28	7		
	8	1，3，8	8，29，30，31，32，33，34，35，36，37	8		
	9	1，3，9	9，38，39，40，41，42，43，44，45，46	9		
	10	1，2，4，10	10	10		
	11	1，2，4，11	11	11		
	12	1，2，4，12	12	12		
	13	1，2，4，13	13	13		
	14	1，2，5，14	14	14		
	15	1，2，5，15	15	15		
	16	1，2，5，16	16	16		
	17	1，2，5，17	17	17		

续表

要素集合	S_j	R（S_j）	A（S_j）	C（S_j）	C（S_j）=R（S_j）	L_1
S-L_0	18	1，2，5，18	18	18		1
	19	1，2，5，19	19	19		
	20	1，2，6，20	20	20		
	21	1，2，6，21	21	21		
	22	1，2，6，22	22	22		
	23	1，2，6，23	23	23		
	24	1，2，6，24	24	24		
	25	1，3，7，25	25	25		
	26	1，3，7，26	26	26		
	27	1，3，7，27	27	27		
	28	1，3，7，28	28	28		
	29	1，3，8，29	29	29		
	30	1，3，8，30	30	30		
	31	1，3，8，31	31	31		
	32	1，3，8，32	32	32		
	33	1，3，8，33	33	33		
	34	1，3，8，34	34	34		
	35	1，3，8，35	35	35		
	36	1，3，8，36	36	36		
	37	1，3，8，37	37	37		
	38	1，3，9，38	38	38		
	39	1，3，9，39	39	39		
	40	1，3，9，40	40	40		
	41	1，3，9，41	41	41		
	42	1，3，9，42	42	42		
	43	1，3，9，43	43	43		
	44	1，3，9，44	44	44		
	45	1，3，9，45	45	45		
	46	1，3，9，46	46	46		

由表5-2-1可知，L_1 = {S_j}

表5-2-2 组织结构有效性指标系统要素的 L_2 级位划分过程

要素集合	S_j	R（S_j）	A（S_j）	C（S_j）	C（S_j）=R（S_j）	L_1
S-L_0-L_1	2	2	2，4，5，6，10，11，12，13，14，15，16，17，18，19，20，21，22，23，24	2	√	2
	3	3	3，7，8，9，25，26，27，28，29，30，31，32，33，34，35，36，37，38，39，40，41，42，43，44，45，46	3	√	3
	4	2，4	4，10，11，12，13	4		
	5	2，5	5，14，15，16，17，18，19	5		
	6	2，6	6，20，21，22，23，24	6		
	7	3，7	7，25，26，27，28	7		
	8	3，8	8，29，30，31，32，33，34，35，36，37	8		
	9	3，9	9，38，39，40，41，42，43，44，45，46	9		
	10	2，4，10	10	10		
	11	2，4，11	11	11		
	12	2，4，12	12	12		
	13	2，4，13	13	13		
	14	2，5，14	14	14		
	15	2，5，15	15	15		
	16	2，5，16	16	16		
	17	2，5，17	17	17		
	18	2，5，18	18	18		

续表

要素集合	S_j	R (S_j)	A (S_j)	C (S_j)	C (S_j) = R (S_j)	L_1
$S-L_0-L_1$	19	2，5，19	19	19		
	20	2，6，20	20	20		
	21	2，6，21	21	21		
	22	2，6，22	22	22		
	23	2，6，23	23	23		
	24	2，6，24	24	24		
	25	3，7，25	25	25		
	26	3，7，26	26	26		
	27	3，7，27	27	27		
	28	3，7，28	28	28		
	29	3，8，29	29	29		
	30	3，8，30	30	30		
	31	3，8，31	31	31		
	32	3，8，32	32	32		
	33	3，8，33	33	33		
	34	3，8，34	34	34		
	35	3，8，35	35	35		
	36	3，8，36	36	36		
	37	3，8，37	37	37		
	38	3，9，38	38	38		
	39	3，9，39	39	39		
	40	3，9，40	40	40		
	41	3，9，41	41	41		
	42	3，9，42	42	42		
	43	3，9，43	43	43		
	44	3，9，44	44	44		
	45	3，9，45	45	45		
	46	3，9，46	46	46		

由表 5-2-2 可知，L_2 = {S_2，S_3}

表 5-2-3 组织结构有效性指标系统要素的 L_3 级位划分过程

要素集合	S_j	R（S_j）	A（S_j）	C（S_j）	C（S_j）=R（S_j）	L_1
$S-L_0-L_1-L_2$	4	4	4，10，11，12，13	4	√	4
	5	5	5，14，15，16，17，18，19	5	√	5
	6	6	6，20，21，22，23，24	6	√	6
	7	7	7，25，26，27，28	7	√	7
	8	8	8，29，30，31，32，33，34，35，36，37	8	√	8
	9	9	9，38，39，40，41，42，43，44，45，46	9	√	9
	10	4，10	10	10		
	11	4，11	11	11		
	12	4，12	12	12		
	13	4，13	13	13		
	14	5，14	14	14		
	15	5，15	15	15		
	16	5，16	16	16		
	17	5，17	17	17		
	18	5，18	18	18		
	19	5，19	19	19		
	20	6，20	20	20		
	21	6，21	21	21		
	22	6，22	22	22		
	23	6，23	23	23		
	24	6，24	24	24		
	25	7，25	25	25		

续表

要素集合	S_j	$R(S_j)$	$A(S_j)$	$C(S_j)$	$C(S_j)=R(S_j)$	L_1
$S-L_0-L_1-L_2$	26	7，26	26	26		
	27	7，27	27	27		
	28	7，28	28	28		
	29	8，29	29	29		
	30	8，30	30	30		
	31	8，31	31	31		
	32	8，32	32	32		
	33	8，33	33	33		
	34	8，34	34	34		
	35	8，35	35	35		
	36	8，36	36	36		
	37	8，37	37	37		
	38	9，38	38	38		
	39	9，39	39	39		
	40	9，40	40	40		
	41	9，41	41	41		
	42	9，42	42	42		
	43	9，43	43	43		
	44	9，44	44	44		
	45	9，45	45	45		
	46	9，46	46	46		

由表5-2-3可知，$L_3=\{S_4,S_5,S_6,S_7,S_8,S_9\}$

表5-2-4 组织结构有效性指标系统要素的 L_4 级位划分过程

要素集合	S_j	$R(S_j)$	$A(S_j)$	$C(S_j)$	$C(S_j)=R(S_j)$	L_1
$S-L_0-L_1-L_2-L_3$	10	10	10	10	√	
	11	11	11	11	√	
	12	12	12	12	√	

续表

要素集合	S_j	$R(S_j)$	$A(S_j)$	$C(S_j)$	$C(S_j)=R(S_j)$	L_1
-L3	13	13	13	13	√	19,20,21,22,23,24,25,26,27,28,29,30,31,32,33,34,35,36,37,38,39,40,41,42,43,44,45,46
	14	14	14	14	√	
	15	15	15	15	√	
	16	16	16	16	√	
	17	17	17	17	√	
	18	18	18	18	√	
	19	19	19	19	√	
	20	20	20	20	√	
	21	21	21	21	√	
	22	22	22	22	√	
	23	23	23	23	√	
	24	24	24	24	√	
	25	25	25	25	√	
	26	26	26	26	√	
	27	27	27	27	√	
	28	28	28	28	√	
	29	29	29	29	√	
	30	30	30	30	√	
	31	31	31	31	√	
	32	32	32	32	√	
	33	33	33	33	√	
	34	34	34	34	√	
	35	35	35	35	√	
	36	36	36	36	√	
	37	37	37	37	√	
	38	38	38	38	√	
	39	39	39	39	√	
	40	40	40	40	√	

续表

要素集合	S_j	R (S_j)	A (S_j)	C (S_j)	C (S_j) = R (S_j)	L_1
-L3	41	41	41	41	√	
	42	42	42	42	√	
	43	43	43	43	√	
	44	44	44	44	√	
	45	45	45	45	√	
	46	46	46	46	√	

由表 5-2-4 可知，L_4 = {S_{10}，S_{11}，S_{12}，S_{13}，S_{16}，S_{17}，S_{18}，S_{19}，S_{20}，S_{21}，S_{22}，S_{23}，S_{24}，S_{25}，S_{29}，S_{30}，S_{31}，S_{32}，S_{33}，S_{34}，S_{34}，S_{36}，S_{37}，S_{38}，S_{39}，S_{40}，S_{41}，S_{42}，S_{43}，S_{44}，S_{45}，S_{46}}。

知识逻辑下的企业组织结构有效性评价指标系统要素级位划分结果为

L_1 = {S_1}，L_2 = {S_2，S_3}，L_3 = {S_4，S_5，S_6，S_7，S_8，S_9}，L_4 = {S_{10}，S_{11}，S_{12}，S_{13}，S_{16}，S_{17}，S_{18}，S_{19}，S_{20}，S_{21}，S_{22}，S_{23}，S_{24}，S_{25}，S_{29}，S_{30}，S_{31}，S_{32}，S_{33}，S_{34}，S_{34}，S_{36}，S_{37}，S_{38}，S_{39}，S_{40}，S_{41}，S_{42}，S_{43}，S_{44}，S_{45}，S_{46}}。

4. 提取骨架矩阵

通过对可达矩阵 M 的缩约和检出，建立起 M 的最小实现矩阵，即骨架矩阵 A′。提取骨架矩阵可分为三步进行：

第一步，检查各层次中的强连接要素，建立可达矩阵 M 的缩减矩阵 M′；

第二步，去掉 M′中已具有临接二元关系的要素间的越级二元关系，得到经进一步简化后的新矩阵 M″；

第三步，去掉 M′中自身到达的二元关系，即减去单位矩阵，得到经简化后具有最少二元关系的骨架矩阵 A′。

对 M 进行缩约和检出后得到的骨架矩阵为：A′=（见附件 2：骨架矩阵 A′）

5. 绘制多级递阶有向图

根据骨架矩阵 A′，绘制出多级递阶有向图 D（A′），即建立起了系统要素的递阶结构模型。绘图分为如下三步：

第一步，分区域从上到下逐级排列系统构成要素；

第二步，同级加入被删掉的与某要素有强连接关系的要素，及表征它们互相关系的有向弧；

第三步，按 A′所示的临接二元关系，用级间有向弧连接成有向图 D（A′）。

第四节　评价指标系统的权重确定

根据知识逻辑下的企业组织结构有效性评价指标系统的递阶结构模型，可以构建企业组织结构有效性评价结构模型（见附件 4）。为确定各层要素对系统目的（总目标）的合成权重，构成各阶层的判断矩阵，并进行一致性检验。

判断矩阵 A=（a_{ij}）n×n，a_{ij}为要素 i 与 j 的重要性标度。（标度定义见表 5-3）

表 5-3　判断矩阵标度定义列表

标度	含义
1	两个要素相比，具有同样重要性
3	两个要素相比，前者比后者稍重要
5	两个要素相比，前者比后者明显重要
7	两个要素相比，前者比后者强烈重要
9	两个要素相比，前者比后者极端重要
2，4，6，8	上述相邻判断的中间值
上述数值的倒数	两个要素相比，后者比前者的重要性标度

判断矩阵及重要性计算和一致性检验的过程与结果如表 5-4-1～表 5-4-9 所示。

表 5-4-1　一致性检验结果

A	B_1	B_2	W_i	W_{i0}	λ_{mi}	
B_1	1	1/3	0.577	0.250	2.001	$\lambda_{max=}$ = 2.000
B_2	3	1	1.732	0.750	1.999	C. I. = 0<0.1
			（2.309）			

表 5-4-2　一致性检验结果

B_1	C_1	C_2	C_3	W_i	W_{i0}	λ_{mi}	
C_1	1	3	1/5	0. 843	0. 188	3. 064	λ_{max} = 3. 065 C. I. = 0. 032<0. 1
C_2	1/3	1	1/7	0. 362	0. 081	3. 067	
C_3	5	7	1	3. 271	0. 731	3. 063	
(4. 476)							

表 5-4-3　一致性检验结果

B_2	C_4	C_5	C_6	W_i	W_{i0}	λ_{mi}	
C_4	1	1/3	1	0. 693	0. 200	3. 000	λ_{max} = 3. 000 C. I. = 0<0. 1
C_5	3	1	3	2. 080	0. 600	2. 999	
C_6	5	1/3	5	0. 693	0. 200	3. 000	
(3. 466)							

表 5-4-4　一致性检验结果

C_1	C_{11}	C_{12}	C_{13}	C_{14}	W_i	W_{i0}	λ_{mi}	
C_{11}	1	1/5	1/7	1/5	0. 275	0. 050	4. 178	λ_{max} = 4. 228 C. I. = 0. 076<0. 1
C_{12}	5	1	1/3	1/3	0. 863	0. 158	4. 259	
C_{13}	7	3	1	3	2. 817	0. 517	4. 195	
C_{14}	5	3	1/3	1	1. 495	0. 274	4. 280	
(5. 450)								

表 5-4-5　一致性检验结果

C_2	C_{21}	C_{22}	C_{23}	C_{24}	C_{25}	C_{26}	W_i	W_{i0}	λ_{mi}	
C_{21}	1	3	3	7	7	3	3. 313	0. 420	6. 120	λ_{max} = 6. 399 C. I. = 0. 080<0. 1
C_{22}	1/3	1	1	3	3	1	1. 201	0. 152	6. 076	
C_{23}	1/3	1	1	5	1	1/3	0. 907	0. 115	6. 732	
C_{24}	1/7	1/3	1/5	1	1	1/3	0. 383	0. 049	6. 310	
C_{25}	1/7	1/3	1	1	1	1/7	0. 425	0. 054	6. 649	
C_{26}	1/3	1	3	3	7	1	1. 661	0. 517	6. 509	
(7. 890)										

表 5-4-6 一致性检验结果

C_3	C_{31}	C_{32}	C_{33}	C_{34}	C_{35}	W_i	W_{i0}	λ_{mi}	
C_{31}	1	7	5	7	9	4.663	0.594	5.399	$\lambda_{max}=5.257$ C.I. $=0.064<0.1$
C_{32}	1/7	1	1/3	3	1	0.678	0.086	5.094	
C_{33}	1/5	3	1	5	3	1.552	0.198	5.174	
C_{34}	1/7	1/3	1/5	1	1/3	0.316	0.040	5.485	
C_{35}	1/9	1	1/3	3	1	0.644	0.082	5.133	
						(7.853)			

表 5-4-7 一致性检验结果

C_4	C_{41}	C_{42}	C_{43}	C_{44}	W_i	W_{i0}	λ_{mi}	
C_{41}	1	1/7	1/7	1/5	0.253	0.044	4.275	$\lambda_{max}=4.207$ C.I. $=0.069<0.1$
C_{42}	7	1	1	5	2.432	0.420	4.104	
C_{43}	7	1	1	5	2.432	0.420	4.104	
C_{44}	5	1/5	1/5	1	0.669	0.116	4.345	
					(5.786)			

表 5-4-8 一致性检验结果

C_5	C_{51}	C_{52}	C_{53}	C_{54}	C_{55}	C_{56}	C_{57}	C_{58}	C_{59}	W_i	W_{i0}	λ_{mi}	
C_{51}	1	1	3	1/3	1/3	1/3	3	3	5	1.196	0.098	9.363	$\lambda_{max}=9.406$ C.I. $=0.051<0.1$
C_{52}	1	1	3	1/3	1/3	1/3	3	3	5	1.196	0.098	9.363	
C_{53}	1/3	1/3	1	1/5	1/5	1/5	1	1	3	0.518	0.042	9.247	
C_{54}	3	3	5	1	1	3	5	5	7	3.061	0.251	9.371	
C_{55}	3	3	5	1	1	3	5	5	7	3.061	0.251	9.371	
C_{56}	3	3	5	1/3	1/3	1	3	3	5	1.825	0.149	9.992	
C_{57}	1/3	1/3	1	1/5	1/5	1/3	1	1	3	0.548	0.045	9.184	
C_{58}	1/3	1/3	1	1/5	1/5	1/3	1	1	3	0.548	0.045	9.184	
C_{59}	1/5	1/5	1/3	1/7	1/7	1/5	1/3	1/3	1	0.263	0.022	9.578	
										(12.216)			

表 5-4-9 一致性检验结果

C_6	C_{61}	C_{62}	C_{63}	C_{64}	C_{65}	C_{66}	C_{67}	C_{68}	C_{69}	W_i	W_{i0}	λ_{mi}	
C_{51}	1	1	1/5	3	1	1	5	3	3	1.442	1.117	9.433	
C_{52}	1	1	1/5	5	3	3	7	5	5	2.266	0.185	10.143	
C_{53}	5	5	1	5	3	3	7	5	5	3.875	0.316	10.559	
C_{54}	1/3	1/5	1/5	1	1	1/5	3	1	1	0.585	0.048	9.403	$\lambda_{max=}$ =9.907
C_{55}	1	1/3	1/3	1	1	1/5	5	3	3	1.000	0.081	10.071	C. I./R. I. =
C_{56}	1	1/3	1/3	5	5	1	5	3	3	1.710	0.139	10.397	0.078<0.1
C_{57}	1/5	1/7	1/7	1/3	1/5	1/5	1	1/5	1/5	0.235	0.019	10.083	
C_{58}	1/3	1/5	1/5	1	1/3	1/3	5	1	1	0.580	0.047	9.538	
C_{59}	1/3	1/5	1/5	1	1/3	1/3	5	1	1	0.580	0.047	9.538	
(12.273)													

最低准则层要素的权重即最低准则层要素相对于评价总目标——组织机构有效性的总相对重要度，用 q_i（i=1，2，…，46）表示。q_i的计算过程见表 5-5。

表 5-5 最低准则层要素的权重确定

C_{ij}		C_i		B_i		q_i
C_{11}	0.005					0.0024
C_{12}	0.158	C_1	0.188			0.0074
C_{13}	0.517					0.0242
C_{14}	0.274					0.0129
C_{21}	0.420					0.0085
C_{22}	0.152					0.0031
C_{23}	0.115	C_2	0.081			0.0023
C_{24}	0.049			B_1	0.250	0.0010
C_{25}	0.054					0.0011
C_{26}	0.211					0.0043
C_{31}	0.594					0.1086
C_{32}	0.086					0.0157
C_{33}	0.198	C_3	0.731			0.0361
C_{34}	0.040					0.0073
C_{35}	0.082					0.0150

续表

C_{ij}		C_i		B_i		q_i
C_{41}	0.044	C_4	0.200	B_2	0.750	0.0066
C_{42}	0.420					0.0630
C_{43}	0.420					0.0630
C_{44}	0.116					0.0174
C_{51}	0.098	C_5	0.600			0.0441
C_{52}	0.098					0.0441
C_{53}	0.042					0.0189
C_{54}	0.251					0.1130
C_{55}	0.251					0.1130
C_{56}	0.149					0.0671
C_{57}	0.045					0.0203
C_{58}	0.045					0.0203
C_{59}	0.022					0.0099
C_{61}	0.117	C_6	0.200			0.0176
C_{62}	0.185					0.0278
C_{63}	0.316					0.0474
C_{64}	0.048					0.0072
C_{65}	0.081					0.0122
C_{66}	0.139					0.0209
C_{67}	0.019					0.0029
C_{68}	0.047					0.0071
C_{69}	0.047					0.0071

第五节　企业组织有效性的模糊综合评判

一、确定因素集 C 和评定集 E

（1）因素集 C 即评价指标的集合，在知识逻辑下的企业组织有效性评价中：C=｛c_{ij}｝=｛C_{11}，C_{12}，C_{13}，C_{14}，C_{21}，C_{22}，C_{23}，C_{24}，C_{25}，C_{26}，C_{31}，C_{32}，$C_{,33}$，C_{34}，C_{35}，C_{41}，C_{42}，C_{43}，C_{44}，C_{51}，C_{52}，C_{53}，C_{54}，C_{55}，C_{56}，C_{57}，C_{58}，C_{59}，C_{61}，C_{62}，C_{63}，C_{64}，C_{65}，C_{66}，C_{67}，C_{68}，C_{69}｝。

（2）评定集即评价等级的集合，我们将知识逻辑下的企业组织有效性评价的评定集设定为 E=｛e_1，e_2，e_3，e_4，e_5｝=｛很好，较好，一般，较差，很差｝。其中评定集要素对应的分值为：很好=100，较好=85，一般=70，较差=55，很差=40。

二、确定权重向量 W_F

W_F为评价指标的权重，在知识逻辑下企业组织有效性评价系统中，W_F=｛0.0024，0.0074，0.0242，0.0129，0.0085，0.0031，0.0023，0.0010，0.0011，0.0043，0.1086，0.0157，0.0361，0.0073，0.0150，0.0066，0.0630，0.0630，0.0174，0.0441，0.0441，0.0189，0.1130，0.1130，0.0671，0.0203，0.0099，0.0176，0.0278，0.0474，0.0072，0.0122，0.0209，0.0029，0.0071，0.0071｝。

三、设计模糊综合评判表

根据前文所确定的模糊综合评判的因素集及其权重和评定集其分值，设计出表 5-6 所示的知识逻辑下组织结构有效性的模糊综合评判表。

表 5-6　知识逻辑下组织结构有效性的模糊综合评判表

评价项目（权系数） 评价结果 评价等级	好	较好	一般	较差	很差
1. 知识分工合理性（0.0024）					
2. 单元内协调关系合理性（0.0074）					
3. 单元内协调关系合理性（0.0242）					
4. 多业务协调关系合理性（0.0129）					
5. 组织边界合理性（0.0085）					

续表

评价项目（权系数） 评价结果 评价等级	好	较好	一般	较差	很差
6. 组织边界开放性（0.0031）					
7. 单元间常规渠道通畅性（0.0023）					
8. 单元间非常规渠道通畅性（0.0010）					
9. 单元内常规渠道通畅性（0.0011）					
10. 单元内非常规起到通畅性（0.0043）					
11. 决策权配置合理性（0.1086）					
12. 固定收入合理性（0.0157）					
13. 剩余分配合理性（0.0361）					
14. 价值观共享度（0.0073）					
15. 共享价值观适应性（0.0150）					
16. 外部知识获取渠道—功能结构匹配性（0.0066）					
17. 单元内知识传递模式—单元结构匹配性（0.0630）					
18. 单元间知识传递模式—单元关系匹配性（0.0630）					
19. 跨业务知识传递模式—多业务组织匹配性（0.0174）					
20. 决策权—外部知识获取结构匹配性（0.0441）					
21. 决策权—单元间知识传递机制匹配性（0.0441）					
22. 决策权—单元内知识传递机制匹配性（0.0189）					
23. 剩余分配—外部知识获取结构匹配性（0.1130）					
24. 剩余分配—单元间知识传递机制匹配性（0.1130）					
25. 剩余分配—单元内知识传递机制匹配性（0.1130）					
26. 组织文化—外部知识获取结构匹配性（0.0203）					
27. 组织文化—单元间知识传递机制匹配性（0.0099）					
28. 组织文化—单元间知识传递机制匹配性（0.01760）					
29. 决策权—业务结构匹配性（0.0278）					
30. 决策权—单元间关系匹配性（0.0474）					
31. 决策权—单元内结构匹配性（0.0072）					
32. 剩余分配—业务结构匹配性（0.0122）					
33. 剩余分配—单元间关系匹配性（0.0209）					
34. 组织文化—业务结构匹配性（0.0029）					
35. 组织文化—单元间关系匹配性（0.0071）					
36. 组织文化—单元内结构匹配性（0.0071）					
综合评价					

综合评判结果的得出

（1）由专家对各因素进行打分后，得出各因素对于总准则 E 的评判向量 $V_i = \{v_{i1}, v_{i2}, \cdots, v_{i5}\}$。

其中，v_{ij}是专家对第 i 种因素进行评价时，对该因素给出第 j 种等级评语的人数占总人数的百分比。

（2）计算单因素评价结果。单因素的评判结果为：$X_i = V_i \cdot E^T$。

（3）计算组织结构有效性的最终评判结果。组织结构有效性的最终评判结果为：$A = W_F \cdot X$，其中 $X = \{X_1, X_2, \cdots, X_{36}\}^T$。

为给知识逻辑下的组织结构优化提供更具体的依据，可以同时计算 C_i的综合评判分值，其中 i=1，2，…，6。

用 A_{C_i}代表 C_i的综合评判值，$W_{M_i} = \{W_{C_{11}}, W_{C_{12}}, \cdots, W_{C_{ij}}\}$ 为 C_{ij}对于 C_i的权重向量（i=1 时，j=4；i=2 时，j=6；i=3 时，j=5；i=4 时，j=4；i=5 时，j=9；i=6 时，j=9），X_{Ci}为 C_i所包括的因素的单因素评判结果向量。

则 C_i 的综合评判分值为：$A_{C_i} = W_{M_i} \cdot X_{C_i}^T$。

第六章　知识逻辑下的企业组织优化

本章的目的是遵循知识逻辑提出企业组织优化的方法。首先，分析知识经济背景下企业组织结构失效的原因；其次，在分析关于组织优化与变革的传统理论基础上提出知识逻辑下企业组织优化的思路；最后，提出知识逻辑下企业组织优化的系统方法。

第一节　组织结构失效与和谐优化思路

我们认为，前文所讨论的企业组织结构不能够达到其有效性要求的状态可称为组织结构失效。从对失效的组织结构提出优化的思路出发，有必要对组织结构失效的解释性原因进行深入的探讨。理查德·L. 达夫特曾经对组织无效进行探讨①，以极少的篇幅分析了组织无效的特征，并提出了某些原因加以解释。他认为，组织无效的特征是决策迟缓或质量不高、组织不能创造性地对正在变化的环境做出反应以及明显过多的冲突，并认为造成这些无效特征的原因在于分权不得当以及缺乏足够的纵向和横向信息沟通。也有学者认为，“信息丰富综合征”也是组织失效的重要表现②，其原因在于企业组织过多的层次或者虽层次较少但不注意各部门之间耦合和协调所造成的局部或全局性的信息超载。

传统的有关组织无效特征和原因的观点从不同角度对传统组织结构的失

① 理查德·L. 达夫特. 组织理论与设计精要［M］. 李维安，译. 北京：机械工业出版社，1999：115.

② Oppenheim C. . Managers' Use and Handling of Information, International Journal of Information Management.

效问题进行了分析，我们认为这些观点集中于传统组织结构中的信息处理能力问题，其所提出的组织无效的根源是由于层次和决策权匹配不当以及部门横向协调不够所造成的组织信息处理能力不足，可将上述观点称为组织失效分析的信息处理观点。这种组织失效分析的信息处理观点在传统背景下具有相当的合理性，依此提出的组织结构变革或优化思路在解决传统组织结构失效问题上也属可行。

但在知识经济背景下，企业组织活动的对象是知识，企业知识获取、创造与使用活动运行的有效性是判断企业组织结构有效性的重要依据。由于信息技术的高度发达及其在企业中的使用、依据知识逻辑设计的企业组织结构的扁平化和网络化特征以及知识和信息传递的双渠道模式，信息处理能力不再是制约企业组织结构有效性发挥的主要因素，知识经济背景下的企业组织结构的失效原因必定来自除信息处理以外的其他方面。

一、企业组织中的规范结构与行为结构

社会学家把社会结构定义为组织参与者关系的模式化和规范化，并认为任何人类群体的社会结构均可分为规范结构和行为结构的两部分。其中规范结构是社会群体中有组织地构建一系列相对持久的信条和规范，以指导参与者的行为；而行为结构是实际的有规律的行为而不是行为的规范。

企业组织作为一种特殊的人类群体，其结构同样可分为由企业组织价值观、角色期待以及规章制度构成的规范结构与由企业组织的个体参与者的某些具有一致性和持续性特征的行为所构成的行为结构。知识经济背景下企业组织的规范结构是遵循知识逻辑进行组织设计的结果，反映知识逻辑下的企业组织价值观和对组织个体参与者的角色期待，其通过我们所讨论的功能结构、知识传递机制和治理机制加以表现。同时，知识经济背景下企业组织的行为结构则是在知识逻辑下所建构的组织规范结构的框架下个体参与者的有规律行为的归纳。

应该说，知识逻辑下的企业组织规范结构为行为结构设置了一些重要的制约因素，对个体参与者的行为起决定和引导作用。另外，行为结构又分离于规范结构，与规范结构存在一定的差异。这种差异的大小实际上反映了组

织中个体参与者实际行为与组织对其所期待行为间的差距，即组织行为对组织意图的背离。组织中个体参与者的行为能够影响行为规范，从而在一定程度上改变规范结构。

二、企业组织结构失效的成因分析

如前文分析，知识经济背景下的企业组织有效性表现为企业知识活动效果与组织意图的符合性，组织结构的有效性则表现为组织结构在企业知识活动效果的实现过程中的有效支撑作用。我们认为，企业知识活动效果的实现过程可在不影响问题分析的前提下简化为如图 6-1 所表示的过程体系。其中，过程 1 为在组织关联背景的作用下形成以知识活动效果驱动和衡量的组织意图；过程 2 为在组织意图的作用下并考虑关联背景，形成知识逻辑下的企业组织设计思路；过程 3 为在知识逻辑下的企业组织设计思路的指导下，通过对知识逻辑下企业组织结构参量的选择，形成反映企业组织价值观和对员工角色期待的知识活动的规范结构；过程 4 和过程 5 为在知识活动的规范结构的制约下，加上企业员工尤其是知识型员工的人力资产特征的联合作用，形成了企业组织中不同个体的知识活动；过程 6 为企业参与者个体的知识活动的一贯化和持续化，结果形成企业组织知识活动的行为结构；过程 7 为企业组织知识活动的行为结构和关联背景的联合作用，形成企业组织的知识活动效果；过程 8 为企业组织的知识活动效果和组织意图相比较。

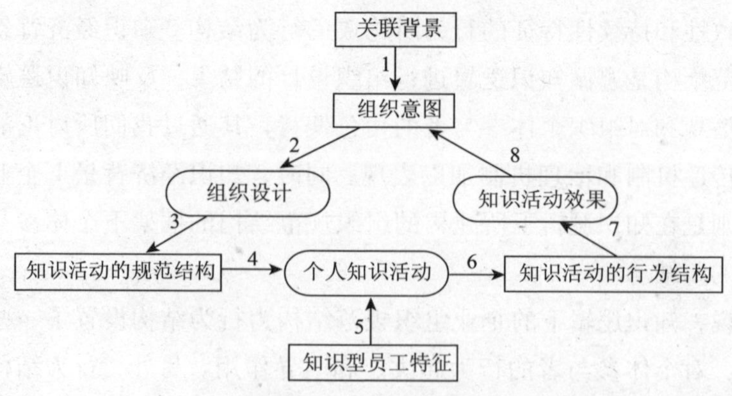

图 6-1 知识逻辑下企业组织结构失效的成因

可以看出，组织有效性可以通过图 6-1 中的过程 8 即组织意图与知识活动效果的比较来衡量，而组织结构有效性同样可以通过考察企业组织的知识活动效果来衡量，而企业组织知识活动的效果直接由企业知识活动的行为结构决定。实际上，我们所提出的知识逻辑下的企业组织结构有效性的评价方法是对企业知识活动的行为结构分析和评价。

假设企业知识活动的规范结构既能够反映组织意图，又能够适应组织关联背景的要求，这样在知识活动的行为结构与规范结构完全一致的前提下，企业知识活动的效果应该能够最大限度地接近组织意图，从而最大限度地实现企业组织结构的有效性。但问题在于知识活动的规范结构既不能完全反映组织意图，也不能够完全适应包括企业知识型员工人力资产特征在内的关联背景的要求，因此，即使知识活动的行为结构与规范结构完全一致也不能充分实现组织结构的有效性。同时，因为知识活动的规范结构不能够对企业价值观和对员工的角色期待进行充分的规定，企业组织中的实际权力结构和人际关系结构总会与组织期待发生偏差，因此，企业知识活动的行为结构总会与孤帆结构相背离。

综上分析，从图 6-1 中可以发现由企业组织结构的有效性决定的企业知识活动的效果由两个因素决定：①由组织设计决定的企业知识活动的规范结构；②由个体知识活动决定的企业知识活动的行为结构。静态地看，在两种情况下出现组织结构失效：①由于组织设计自身的问题导致的企业知识活动的规范结构不能够满足组织意图和关联背景的要求，这时无论企业知识活动的行为结构如何与规范结构接近都不能实现组织结构的有效性；②虽然企业知识活动的规范结构设计合理，但由于规范结构设计过程所固有的有限理性问题和现代公司制度所固有的委托　代理问题使行为结构与规范结构产生较大的偏差，从而导致组织结构失效。动态地看，仍然有两种情况会导致企业组织结构失效：①由于企业知识活动的规范结构不能够适应关联背景的变化而导致的组织结构失效。从长期来看，企业组织所处的环境状态、企业的目标与战略、组织知识和组织文化都会产生不同程度的变化。从理论上来讲，企业组织应该因应这些变化进行功能结构、知识传递机制和治理机制的调整，以使其既保证自身与关联背景间的适应性，又保证相互之间的匹配性。但由于决策中心不能够及时察觉关联背景的变化，或者虽察觉上述变化但不能够及时找到合理的调整路径，从而使规范结构不能够适应关联背景的变化，导致组织结构失效。②由于与企业组织结构构成策略性互补关系的人力资产特征的变化导致知识活动的行为结构与规范结构的偏差的扩大而造成的组织结构失效。虽然企业参与者的人力资产特征也属于组织设计的关联背景的一部分，但由于企业组织结构对其的直接作用以及其对企业行为结构的显著影响，有必要对其进行单独的分析。当依照某一时点的组织人力资产特征进行设计的规范结构运行较长的一段时间后，个体参与者的人力资产特征在知识活动的规范结构和本行业的组织惯例的共同影响下，会由于人力资产投资的取向不同而发生一定程度的改变。在这种情况下，规范结构仍然保持相对稳定。由于知识在组织内的分布状态发生改变，而隶属规范结构一部分的治理机制并没有发生变化，组织内由于知识拥有状态发生改变而出现权力结构和人际关系结构的变迁，实际上导致了知识活动的行为结构更加偏离反映组织意图的规范结构，导致组织结构失效。

三、知识逻辑下企业组织的和谐优化思路

上文所述知识经济背景下企业组织结构失效的成因在于规范结构自身的不适应性或行为结构与规范结构的偏差，因此，纠正组织结构失效应该从这两个方面入手。我们对企业组织结构失效的判断是基于对企业知识活动的行为结构效果的考察，而规范结构是否存在问题则通过行为结构的间接反映和理论上的逻辑推理。若行为结构与规范结构存在偏差，则应改变企业知识活动的行为结构以使知识活动的效果达到组织意图的要求。根据社会学理论关于规范结构和行为结构的分析，行为结构是参与者个体的交互的、有规律活动的反复。按照系统理论的观点，这种行为结构是个体参与者作为微观基元通过相互作用形成的宏观状态。如果没有外界的特定干预，这种不具备自组织特征的宏观状态不可能走向与规范结构接近的有序状态。从图 6-1 中可看出，可以通过改变规范结构和知识型员工的特征或直接改变个体参与者的行为来实现对行为结构的特定干预。可以对这三种途径做出具体分析：①改变规范结构的途径与规范结构自身存在对关联背景的不适应性下的方法相同；②直

接改变个体参与者的行为实际上不可能实现，仍需通过一定的引导或激励手段，而这种引导或激励手段是通过规范结构的设计与实施来实现的；③可以通过一定的学习机制来改变知识型员工的人力资产特征。但从本质上来讲，知识型员工特征的改变不属于企业组织结构优化的范畴，因此本书不做讨论。

若规范结构自身存在对关联背景的不适应问题，则组织结构优化则集中规范结构自身的调整问题。因此，综合因组织结构失效而引致的企业组织优化问题，均需通过规范结构的调整来加以解决。根据第四章和第五章的讨论，知识经济背景下的企业组织的规范结构是由功能结构、知识传递机制和治理机制三个部分构成的系统，各子系统既存在各自对关联背景的适应性问题，也存在相互间的匹配问题。由组织结构失效反映出来的规范结构问题，既可能是某个子系统不能够适应关联背景的要求，也可能是子系统之间不能够达到匹配性要求。由于规范结构的构成特征，对规范结构的调整必然是针对其子系统及其相互关系的调整。可以预见的是，对构成规范结构系统的任何一个子系统的调整必然导致子系统之间匹配关系的变化，单纯根据对行为结构有效性判断的结果进行某一子系统的调整可能难以实现预期效果。

因此，我们对企业组织的规范结构系统进行优化时，必须从功能结构、知识传递机制或治理机制中的某个子系统入手，以该子系统为优化的焦点，同时必须顾及其他子系统，从而确保企业组织规范结构的整体优化效果。这种优化思路在根本上是实现下面六个层面的和谐性[①]：① 企业组织的功能结构、知识传递机制和治理机制内部各构成要素之间的和谐性；②企业组织的功能结构、知识传递机制和治理机制之间的和谐性；③企业组织的规范结构与关联背景之间的和谐性；④企业组织意图与组织规范结构的和谐性；⑤企业组织规范结构与行为结构的和谐性；⑥由企业组织行为结构决定的知识活动效果和组织意图之间的和谐性。不同层面和谐性的关系和实现效果见图 6-2。

---

① 席酉民对和谐性的定义是："系统和谐性是描述系统是否形成了充分发挥系统成员和子系统能动性、创造性的条件及环境，以及系统成员和子系统活动的协调性。这两方面的具体表现是系统构成、组织管理、内部环境、系统成员精神状态等方面内部和其间关系匹配程度以及系统内外部的适应程度。"参见席酉民，尚玉钒．和谐管理理论［M］．北京：中国人民大学出版社，2002.

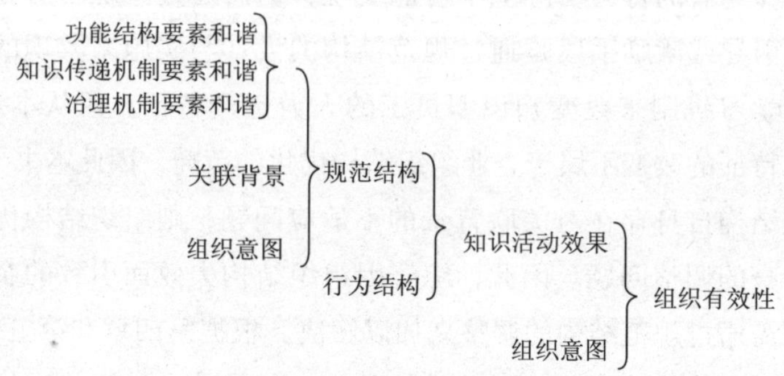

图 6-2 组织结构有效性的和谐实现机制

我们将上述以组织各层面和谐性作为组织优化目标、以系统整体优化作为优化方法的优化思路称为“组织的和谐优化思路”，其特点在于选取由行为结构评价得出的规范结构某子系统的明显缺陷作为突破口，进行整个规范结构的整体优化过程中，以构成其“瓶颈”的子系统作为优化的核心，我们称为“优化主题”。由于企业组织活动的规范结构由功能结构、知识传递机制和治理机制构成，因此，就出现以功能结构优化为主题的和谐优化、以知识传递机制为主题的和谐优化和以治理机制为主题的和谐优化。

针对企业组织结构的不同主题的和谐优化的直接结果是企业组织知识活动的规范结构实现其与组织意图和关联背景的和谐性，最终结果是通过其对行为结构的制约和引导作用实现知识活动效果与组织意图的和谐性，即包括组织结构有效性在内的组织有效性。其最终结果的实现可以通过前文所述的知识活动过程指针体系进行判断，从而为新的组织和谐优化提供依据。

第二节 功能结构优化

一、功能结构优化的动因分析

知识逻辑下企业组织的功能结构优化的总动因在于企业组织行为结构的功能层面不能够适应组织智商的要求，这种组织智商必须满足外部环境的要求。具体来看，企业组织功能结构优化的动因来自四个层面（见图 6-3）。

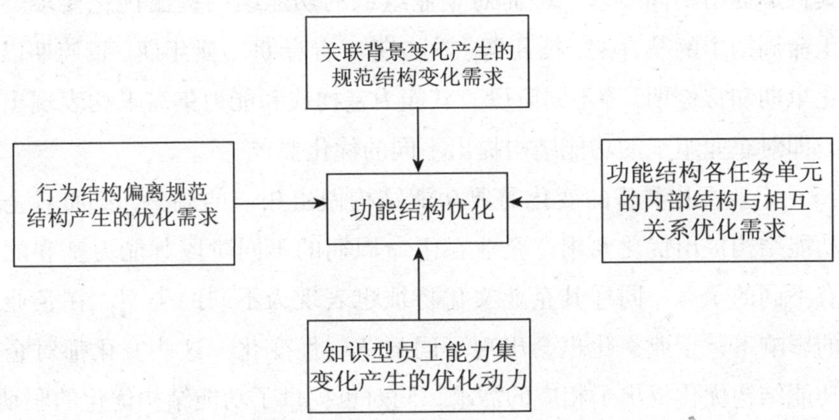

图 6-3 知识逻辑下企业组织功能结构的优化动因

1. 关联背景层面

我们所分析的环境、技术、目标与战略、规模以及文化等要素相互影响，构成知识逻辑下企业组织设计的关联背景。同样，这些要素所构成的关联背景同样也成为知识逻辑下企业组织优化的重要驱动因素。这些关联背景要素的变化首先作用于企业知识的规范结构设计，进而对企业组织优化提出要求。具体表现为：

（1）企业环境的变化对企业能力集提出新的要求，进而对企业组织的功能结构形态提出优化要求。企业所处的产业生命周期阶段的变化，五种竞争力量的变化，都是环境变化的重要表现。

（2）企业运营技术的变化影响企业能力集构成，进而对企业组织的功能结构形态提供优化的驱动力。新的制造技术在企业中的使用，新的信息技术在企业中的运用，会对企业组织的功能结构需求产生深远的影响。

（3）企业目标与战略的变化对企业能力集提出新的要求，进而对企业组织的功能结构形态提出优化要求。企业作为市场主体所寻求的市场定位的变化，从而反映在企业战略姿态的变化；企业对于不同经营绩效指针的追求，从而反映在企业市场运作姿态的变化，都对企业组织的功能结构提出不同的需求。

（4）企业规模变化标志企业进入不同的生命周期阶段，其本质是对企业能力集构成提出不同要求，进而对企业组织的功能结构提出优化要求。企业在其生命周期中的孕育期、婴儿期、学步期 、青春期 、盛年期、贵族期以及其官僚化早期和官僚期[①]等不同阶段，其能力基构成和能力集需求均表现出不同状态，即对企业组织的功能结构提出不同的优化要求。

（5）企业文化类型的变化需要功能结构做出相应的调整，从而对企业组织的功能结构提出优化要求。企业在生命周期的不同阶段其能力基和能力集需求有不同的状态，同样其企业文化特征也表现为不同的类型。在企业外部环境的影响下，企业文化也会出现不同的适应性变化。这些变化都对企业组织的功能结构优化提出了相应的需求，同时也提供了功能结构优化的驱动力。

上述由于企业关联背景对企业组织的功能结构提出的优化需求在组织结构有效性方面表现为由于功能结构自身和功能结构引起的企业组织的低智商，在企业组织结构有效性评价过程中表现为 A 的低分值。

2. 行为结构层面

企业组织的行为结构与规范结构的偏离是企业组织结构优化的重要动因之一。企业组织行为结构与规范结构发生偏离的原因有两个：

（1）企业发展过程中企业组织系统基元的相互作用引发的行为结构与原有规范结构的偏离。

（2）企业发展过程中企业组织再设计形成的新的规范结构与现有行为结构形成的差距。

这种偏离的结果体现为由企业组织个体员工的知识特征和企业组织的行为结构综合决定的组织智商不能够达到设计要求或组织期望。在企业组织的行为结构层面上，有以下原因形成企业组织的功能结构的优化需求：

（1）企业组织功能结构与知识传递机制的失谐，即企业组织的任务单元设计、任务单元的协调关系与企业组织的知识获取结构、知识传递的双渠道结构不能够相互融合，不能够形成更高层面的系统和谐，这具体表现为知识逻辑下企业组织结构有效性评价过程中 C 的低分值。

① ［美］伊查克·麦迪思著．企业生命周期［M］．赵睿，等，译．北京：中国社会科学出版社，1997.

（2）企业组织的功能结构与治理机制的失谐，即企业组织的任务单元设计、任务单元的协调关系与知识型员工的激励机制、组织文化不能够相互融合，同样不能够在更高层面上形成系统和谐状态，这具体表现为知识逻辑下企业组织结构有效性评价过程中 C 的低分值。

（3）由于企业组织功能结构的原因，使企业组织行为结构除功能结构以外的其他部分不能够发挥应有的效能，从而使组织智商达不到组织设计要求或组织期望。

3. 功能结构层面

我们在第四章的讨论中曾指出知识逻辑下企业组织的功能结构包括企业在知识活动的分工、任务单元设计、任务单元内协调关系设计、任务单元间协调关系设计以及多业务组织的任务单元协调关系设计等方面的结果，同时这也指出了企业组织功能结构的构成要素。上述要素能否适应关联背景的要求、能否体现企业规范结构的组织智商的期望以及能否适应企业组织的行为结构的和谐性要求，是影响企业组织的功能结构是否需要优化的重要因素。

我们认为，企业组织会在功能结构层面出现以下的优化需求：

（1）企业的知识活动内容与特征由于关联背景的变化必须进行调整，从而使原有的知识活动分工特征不能够适应知识活动内容与特征的需要，导致企业的知识活动分工必须进行相应的改变，以便与此相关的企业组织的功能结构效能、行为结构效能和组织智商得到相应的提升。知识活动分工的不适应性表现为组织结构有效性评价过程中 C 的低分值。

（2）与企业知识活动的内容和特征以及企业的知识活动分工相关的知识型任务单元和非知识型任务单元的数量与特征在上述要素发生调整时同样也会出现适应性问题，必须进行相应的变化，以便企业组织的任务单元达到组织和谐系统的系统基元要求。

（3）企业组织的功能结构中任务单元间的协调关系在企业知识活动分工与任务单元设计发生改变时，必须做出相应的调整，以便使作为系统基元间关系的任务单元协调关系能够适应行为结构的和谐性要求和组织智商的需要。任务单元间协调关系的不适应性表现为组织结构有效性评价过程中 C 的低分值。

（4）企业组织的功能结构中任务单元内的协调关系由于知识活动分工和任务单元间协调关系发生改变时，也必须做出相应的调整，从而使建立在任务单元内个体员工特征以及其相互协调关系基础上的任务单元层面上的系统和谐性达到组织要求。任务单元内协调关系的不适应性表现为组织结构有效性评价过程中 C 的低分值。

（5）对于存在多业务的企业组织而言，不同业务构成的多组任务单元间的协调关系在企业知识活动内容与特征、知识活动分工特征以及任务单元设计发生改变时必须做出相应的调整，从而在多业务层面上提出功能结构优化需求。多业务协调关系的不适应性表现为组织结构评价过程中 C 的低分值。

4. 知识型员工个体层面

由于自身所具有的学习性特点，企业组织中的知识型员工在企业发展与关联背景变化过程中往往会出现自身知识特征的变化。这种自身知识特征的变化既使最初组织设计所遵循的针对员工特征的假设不复存在，也使企业组织的行为结构的基础发生根本性的变化，其对企业组织的功能结构优化的驱动力和需求体现在以下方面：

（1）企业组织中知识型员工的知识特征的改变直接影响组织任务单元的构成，使原有的任务单元设计不能够适应知识型员工知识特征的改变，进而影响组织的行为结构效能和组织智商，从而产生企业组织的功能结构优化需求。

（2）企业组织中知识型员工的知识特征的改变，其中主要是个人知识集合的扩大和提升能够使企业组织选择更高水平的结构设计模式，从而提供包括企业组织功能结构在内的结构优化驱动力。

（3）知识型员工的知识特征的改变往往使原有的任务单元间协调关系产生不适应性特征，从而产生企业组织功能结构由于员工知识特征改变而引发优化需求。

二、功能结构优化的实现方法

由于本书所提出的知识逻辑下的企业组织的功能结构的设计要素包括知

识活动分工、任务单元设计、任务单元内与任务单元间的协调关系设计以及多业务间的协调关系设计等内容，所以功能结构优化的内容也应该包括上述要素。通过上述要素的调整能否实现企业组织的功能结构的优化进而实现企业组织结构的和谐性要求，仅靠前文所进行的简单分析不足以加以回答，有必要对其进行更深入的分析。

可以发现，知识活动分工、任务单元设计、任务单元内与任务单元间的协调关系设计以及多业务间的协调关系设计等要素实际上是针对企业组织中的员工个体尤其是知识型员工个体进行一定的组合从而形成一定的协调关系，这种组合以及协调关系的形成在本质上是对企业组织中员工个体的知识获取、创造、传递和使用能力的整合。而从整个企业组织的层面上来看，则属于企业组织的知识获取、创造、传递和使用能力集的调整与整合。

根据系统论的观点，企业作为一个投入—产出系统，某一段时间的产出 Y 由该段时间的相关投入 X 和投入转换函数 T 决定：

$$Y = T(X)$$

$$X_t = (x_{1,\ t},\ x_{2,\ t},\ \wedge\ x_{n,\ t})$$

$$Y_t = (y_{1,\ t},\ y_{2,\ t},\ \wedge\ x_{n,\ t})$$

在本书的分析框架下，投入转换函数 T 显然就是由企业组织的知识型和非知识型员工个体以及在基础上构成的功能结构、知识传递机制和治理机制所形成的企业整合系统中的转换机制。这种机制的核心是企业组织的知识使用和创造活动，转换机制的活动水书高低则是本文所分析的企业组织有效性。

我们所提出的知识逻辑下的企业组织优化问题，其优化的直接结果是组织知识活动有效的提高，而在其直接表现上则为企业的稳定成长与发展。

根据王文平的推导①有：$\ln\Phi = H[P(x)] - \sum\lambda_i$

我们认为，上式可以说明：

（1）组织结构不变时，$\ln\Phi$ 为常数，同时 $\lambda_i > 0$，因此若组织有效性 A 提

---

① 能力集的概念见 Wang Wenping，Capacity Set Optimization of Knowledge and Its Organizational IQ，Journal of Southeast University（English Edition），Sept．2002 Vol. 18 No. 3：259－264Wang Wenping，Capacity Set Optimization of Knowledge—based Enterprise and Its Organizational IQ，Journal of Southeast University（English Edition），Sept. 2002 Vol. 18 No. 3：259－264.

高时，组织对于外部环境的知识和应变能力会同时提高。

（2）组织任务单元间关系系数——即任务单元间协调关系的改变能够影响企业的组织有效性。

（3）组织任务单元间协调关系不发生改变，而任务单元自身特性发生改变时，也可以影响企业的组织有效性。任务单元特性通过知识型员工和非知识型员工特征的改变和任务单元内员工个体的协调关系加以改变。

我们认为，知识逻辑下的企业组织功能结构优化是以功能结构优化为主题的和谐优化。其含义是将功能结构优化作为知识经济背景下企业组织整体优化的起点，进而实现知识经济背景下企业组织个层面和谐性的优化过程。在该过程中，必须以功能结构设计要素作为提高功能结构自身和谐性的杠杆，并通过知识传递机制和治理机制的调整来实现整体和谐性目标，其在本质上是一个逐级优化的过程（见图 6-3）。

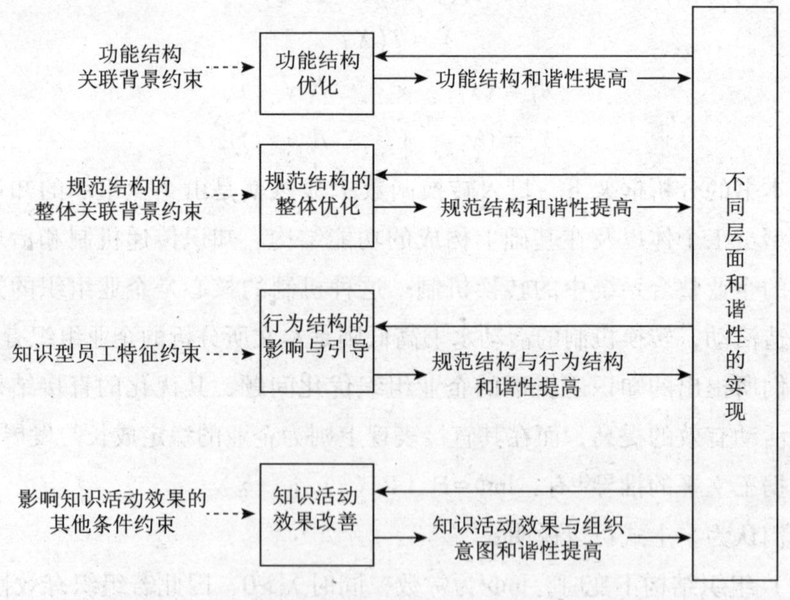

图 6-4　以功能结构优化为主题的和谐优化过程

企业组织的功能结构的和谐优化是对功能结构的构成基元及其相互关系的重新确定和调整，以期实现在功能结构层面上的和谐性。在企业组织的功能结构层面上，由单一业务的功能结构及其组织方式构成系统基元及其相互关系；在单一业务的功能结构层面上，由任务单元及其协调关系构成系统基元及其相互关系；而在任务单元层面上，则由参与者个体的企业知识创造与使用活动分工以及相互关系加以构成。可以发现，功能结构的不同层面的优化路径是系统基元本身的优化及其相互关系的调整。同时也可以理解，知识逻辑下的企业组织功能结构是由知识型员工与非知识型员工及其层级关系所构成的。因此我们认为，在知识逻辑下所构建的企业组织中，功能结构的优化问题可抽象化为员工个体尤其是知识型员工个体的知识特征改变与组织层级调整问题。由于企业组织的层级调整问题与企业的知识活动过程有很大的相关性，故在下文进行专门的探讨，本部分只对知识型员工的知识特征改变问题加以分析。

知识经济背景下的企业组织中的员工个体时刻都在主动或被动地接收某些类型的知识，这些知识或许为组织所需要，或许不为组织所需要。因此，组织的个体学习与组织学习存在本质差别，组织学习的效果绝不简单等同于个体学习效果的总和。组织学习的目的在与围绕其特定的业务建立、组织和补充知识，通过这种途径提高员工的技能与组织的适应性和效率①。我们认为，应该构建一整套既符合组织能力需求，又具备较高效率的组织学习模式，以便实现企业组织的员工个体的知识特征优化，即使员工个体的知识特征向有利于企业组织的知识活动能力的方向转变，从而实现知识逻辑下企业组织功能结构的优化基础。

20 世纪 70 年代末开始有关于组织学习的文献出现，这些组织学习理论可以分为两个流派：组织学习的“技术过程”论和组织学习的“社会过程”论。阿吉里斯和斯通②提出了一系列的概念，包括单环学习（Singles-loop Learning）和双环学习（Double-loop learning）模式。赫伯③认为，如果一个

① Dodgson M. Organizational Learning：a Review of Some Literatures. Organization Studies. 1993-03-14.

② Argris，C. and Schon，D. A. Oiztional Learning MA：Addison-Wesley. 1978.

③ Huber，G. P. Oranizational Learning ：The Contributing Processes and the Literature. Organizational Science，1991，2 (1)；88-115.

组织潜在的行为边界发生变化，这个组织就是在通过他的信息处理过程学习；如果一个组织的所有单位接受了被认为是对组织可能有用的知识，那么这个组织就是在学习。

组织学习的“社会过程”论主要从人们如何感受和利用经验的角度研究学习问题，认为获得经验的渠道主要有两个：显性来源和隐性来源。杨忠认为可以从三个层面对组织学习的“社会过程”观点加以理解：组织成员的组织化角度、组织的政治角度和组织的文化角度，并提出了以学习导向、支持要素和学习形成为结构的三维分析框架——网络学习理论。

我们认为，知识逻辑下的企业功能结构优化的基础是作为功能结构的最基本单元的员工个体的知识特征优化，这种个体的知识特征优化的唯一途径就是包容在组织学习框架下的个人学习，即个人的学习行为必须符合组织学习目的的要求，符合组织知识特征的要求。因此，如同组织知识是个体知识的整合一样，组织学习是个人学习的整合。我们认为，包含知识逻辑下企业组织结构优化框架下的组织学习应该是具有一定结构特征，包括组织学习的目标形成机制、知识吸收机制、知识的整合与扩散机制、组织学习的基数支撑以及组织学习的动力机制在内的完整系统（见图 6-5）。

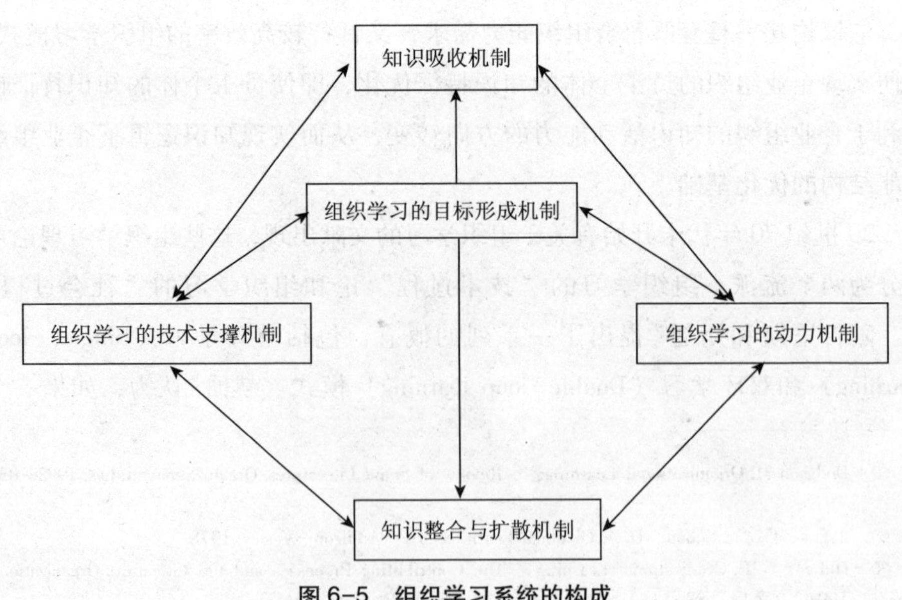

图 6-5　组织学习系统的构成

由于组织学习的技术支撑机制属于本书企业组织的知识传递机制设计与优化部分的问题，组织学习的动力机制属于本书企业组织的治理机制设计与优化部分的问题，有专门的篇幅加以探讨。因此，我们在组织学习与员工个体的知识特征优化部分仅讨论组织学习的目标形成机制、知识吸收机制以及知识整合与扩散机制。

1. 组织学习的目标形成机制

组织学习与个体学习的不同首先在于组织学习过程中的个体参与者的学习目标是一致的，即组织创新能力和应变能力的提高。但由于受时间和资源的限制，一定时期内组织学习的目标必须是具体化且具有明确的方向。这种具有明确方向的具体化目标不是由企业组织中的某个人或者某个部门凭空捏造的，必须通过一定的机制加以合理的形成。我们认为，企业的组织学习目标可以通过下面的机制加以形成（见图 6-6）。

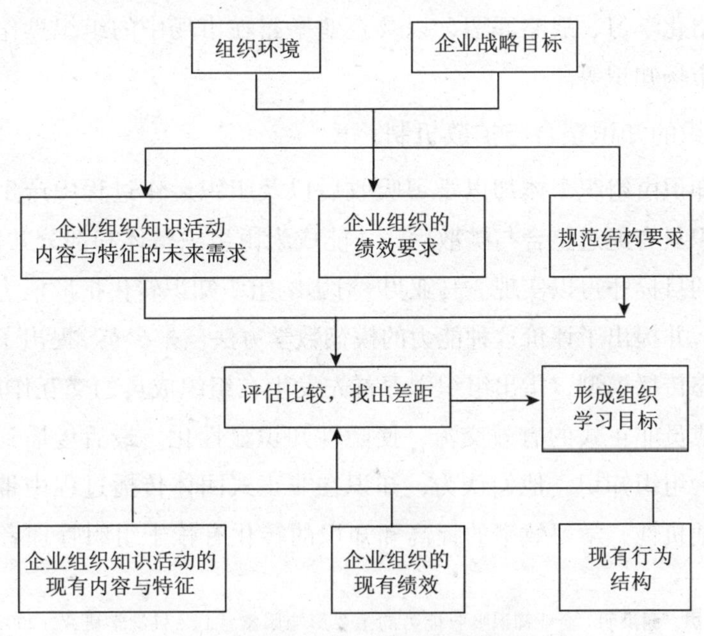

图 6-6　组织学习的目标形成机制

2. 组织的知识吸收机制

企业组织的知识吸收能力受多种因素的影响。刘常勇等[①]认为，组织知识吸收能力受到四个因素的影响：组织先验知识的存量和内涵、研发的投入、学习强度和方法以及组织学习的机制。我们认为，仅仅对影响企业组织知识吸收能力的因素的探讨不足以解决企业组织的知识吸收问题，完善而又有效的知识吸收机制应该包括下面两个层面的内容：

（1）外部显性知识的吸收层面。组织知识存量与质量的提升需要组织个体的知识特征向有利于组织目标的方向改变。企业组织知识活动所需的组织知识只有首先被组织中的某个和某些个体学习吸收后，才有可能加以整合和扩散成为组织知识，外部显性知识由于知识的显性化特征而使其吸收相对简单，可以通过企业的定期人员培训、进修等方式实现。

（2）外部隐性知识的吸收层面。由于隐性知识的不明晰特征，企业组织在外部隐性知识吸收方面就相对困难得多。这方面的解决途径主要有组织间层面的网络化学习、战略联盟，以及企业暴露在市场中的组织操作单元所获得的隐性市场知识等。

3. 组织的知识整合与扩散机制

外部知识由组织个体加以学习吸收后以及组织运作过程中产生于个体中的隐性知识只有经过整合与扩散后，才能成为由组织整体和部分共享的知识，组织学习的目标才得以实现。马亚男[②]对影响组织知识转化扩散能力的因素进行了分析，并提出了评价这种能力的模糊数学方法。朱少英[③]提出了基于组织学习的动态传播模型，指出组织学习首先发生在组织成员的交互作用过程中，通过组织成员非正式的有效交流，使隐性知识显性化，最后传播到正式团队中才能成为组织知识。他们认为，知识在非正式团体传播过程中带有很大的自发性和随机性，学习效率的提高和知识的转化有赖于组织管理者在“最佳

---

① 刘常勇，谢洪明．企业知识吸收能力的主要影响因素［J］．科学学研究，2003（6）：307-310.

② 马亚男，闫秀霞，孙炜．企业知识扩散转化能力评价方法研究［J］．工业工程，2003（5）：5-8.

③ 朱少英，徐渝．基于组织学习的知识动态传播模型［J］．科研管理，2003（1）：67-71.

时机”的推动作用，即管理者在正确识别学习的倾向性、风格、程序和机构基础上，为组织学习提高必要的支持，即营造良好的学习氛围、革新组织结构和提供必要的经费、时间、场所和设施等支持。

我们认为，建立在企业组织的知识传递机制平台上，由治理机制产生动力的组织知识整合与扩散过程应该通过如图 6-7 所示的途径实现下面的扩散内容：

（1）员工个体所获得的显性知识向单元显性知识和组织显性知识层面转化与扩散的过程。

（2）员工个体所获得的显性知识扩散到单元和组织层面后向员工个体的隐性知识的转化过程。

（3）员工个体所获得的隐性知识向单元隐性知识和组织隐性知识层面转化与扩散的过程。

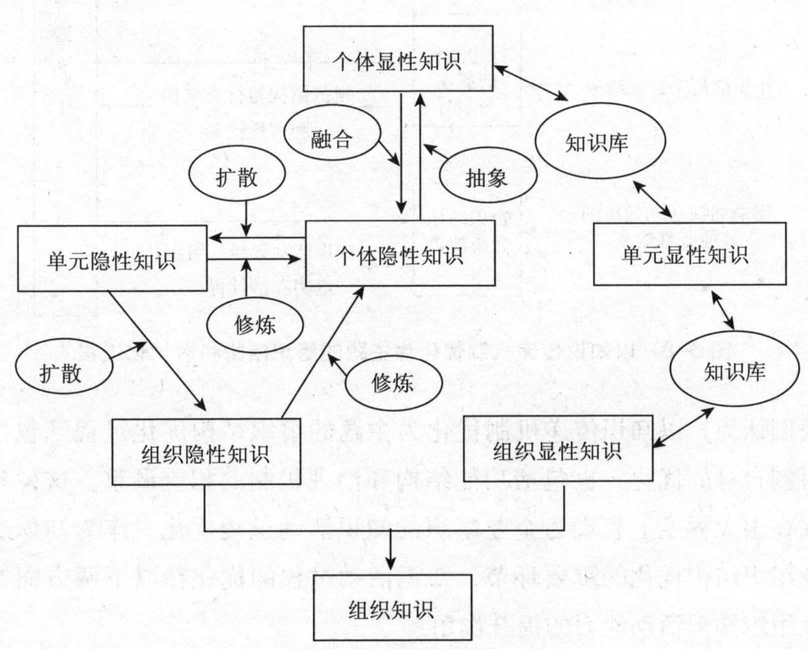

图 6-7 组织的知识整合与扩散机制

第三节　组织知识活动过程优化

以知识传递机制优化为主题的和谐优化是将知识传递机制优化作为知识经济背景下企业组织整体优化的起点或主要内容，进而实现知识经济背景下企业组织各层面和谐性的优化过程（见图 6-8）。

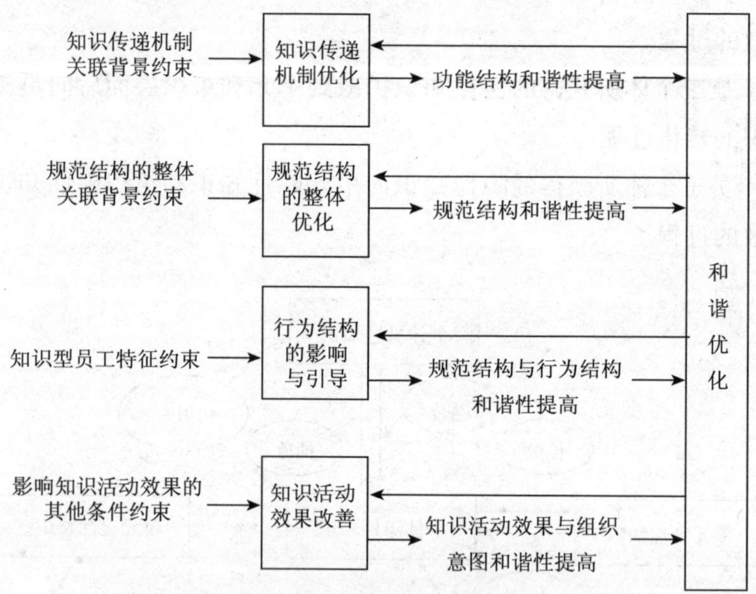

图 6-8　以知识传递机制优化为主题的组织结构和谐优化过程

我们认为，以知识传递机制优化为主题的组织结构优化过程既包括知识传递机制自身的优化，也包括功能结构和治理机制的相应调整，这种和谐优化过程在很大程度上表现为企业组织的知识活动过程优化。作为知识逻辑下的企业组织结构优化的重要环节，知识活动过程的优化在以下两方面实现其对企业组织知识活动能力的提升作用：

（1）通过企业组织知识活动过程的优化，能够改变企业组织单元的构成格局和构成内容，从而改变企业组织系统构成基元之间的关系权重，提升企业组织的知识活动能力。

（2）通过企业组织知识活动过程的优化，能够改变企业组织的知识传递机制中的常规传递渠道要素和非常规传递渠道要素，从而在根本上改变企业组织的知识传递机制的效能，提升企业组织的知识活动能力。

传统的关于企业过程再设计的观点认为企业过程再设计包括三个方面的内容：企业过程流本身的再设计、企业过程的组织管理和管理思想的再设计[①]。在知识逻辑这一大前提下，管理思想的再设计的基本工作在本书的开始部分已大致完成，而企业过程的组织管理将在本章的下一节中加以探讨，因此本节的内容是在前文所建立的知识逻辑的基础上对企业组织的知识活动过程流优化问题加以分析。

所谓企业知识活动过程是指为完成企业某一目标而进行的一系列逻辑相关的跨越时间和空间的知识活动的有序的集合。根据 BPR 从传统观点对企业过程优化的基本原则[②]、企业组织知识活动过程的特点以及组织学习机制的必然要求，企业知识活动过程的优化是在知识活动过程简化基础上的集成的结果。所谓简化是指将不必要和不增值的知识活动过程删除，然后将某些活动进行合并，从而减少活动的数量。集成是系统内元素之间关系的一种协调、综合、统一的状态[③]，而知识活动过程的集成就是要把知识活动过程中各个活动协调、综合、统一起来形成一个有机的整体，实际上就是形成企业组织的功能结构。要实现这种集成，必须要有统一的正确的知识活动过程统一体。在知识逻辑指导下构建的企业组织结构中，这种统一体就是知识逻辑下的知识活动管理规则和能够实现知识共享的知识传统系统。

一、基于精益理念的知识活动过程简化

BPR、精益生产方式和工业工程关于企业活动过程简化的基本原则是：凡是对最终产品不增值的任何工作，凡是不提供或不接受基本信息的任何工

① Markku Tinnila . Strategic Perspctive to Business Redesign. Management Decision，1995，33（3）：25-34.

② Hammer M. Reengineering work：don’t automate. Obliterate，Harvard Business Review，july/August 1990.

③ 黄丽华，何辉，薛华成．基于规则和方法的企业过程优化［J］．系统工程学报，2000（9）：209-216.

作，都是浪费。对于知识经济背景下的企业来讲，任何一个对最终产品或服务输出——即对企业的知识创造和使用没有贡献的知识活动过程都是不增值的过程，如何一个对最终产品或服务输出——即对企业的知识创造和使用没有贡献的知识活动环节都是不增值必须通过过程输出来判断。因此，必须通过分析知识活动环节和过程对于其更高层面活动的贡献性来判断其存在的必要性和合理性，进而判断是否对更高层面的知识活动过程进行简化。

从知识经济背景下的企业输出的特征来看，这种输出是企业知识创造和使用活动过程的结果，其市场表现和社会表现包含企业创造和使用的大量的、包罗万象的知识。从这个角度来看，区别于知识逻辑的传统的对企业进行智能管理、依据职能分工对企业活动过程进行设计和调整的思路存在明显的弊端。这种基于职能的企业过程设计方法是依据其他企业活动的经验，片面地认为对象企业必须具有参考企业相同或类似的职能，进而不考虑活动过程和活动环节对于企业输出和过程输出的贡献性，结果产生了精益方式中所深恶痛绝的浪费活动。而在知识经济背景和企业组织结构设计的知识逻辑下，任何企业都有具备唯一性特征的企业知识创造与使用活动过程集合。这种唯一的知识创造与使用活动过程存在的价值标准不是传统意义上的职能角度的考察，而是其对企业知识活动输出的贡献性。

因此，我们认为，知识逻辑下的企业活动过程优化所遵循的首要原则是从面向市场端的企业输出出发，逆向推导产生这种输出所必需存在的企业知识创造与使用活动过程。在这样的基础上，将其与企业现存的知识创造与使用活动过程进行比照，从而发现哪些是产生浪费的活动过程和环节，然后加以删除或简化。可以发现，这个优化过程的完成既需要对预期过程的考虑，也需要对现有过程进行描绘。传统企业，尤其是我国某些国有企业中的后期功能，如子弟学校、职工医院等，显然是对于企业输出不产生直接贡献的活动过程，有必要加以删除。

在传统的面向职能的层次状结构中，某些不必要的活动是出于事后管理的需要，是为了纠正过去发生的活动所出现的偏差而设置的。在企业组织的知识活动过程中，事后管理活动不仅不能够创造知识，而且在知识使用成本和其他成本上也存在严重的低效和浪费现象。这样的活动必须加以简化和删除。

在图 6-9 所示的某企业的新产品研发活动过程中，共有 14 项活动，其中 6 项是审核活动："检查产品创意是否符合市场空位""检查产品创意与公司实力是否一致""概念发展与测试""营利性分析""可能性分析"和"检查产品试销结果"，根据事后管理活动的简化原则，考虑是否可以删除这 6 项活动。

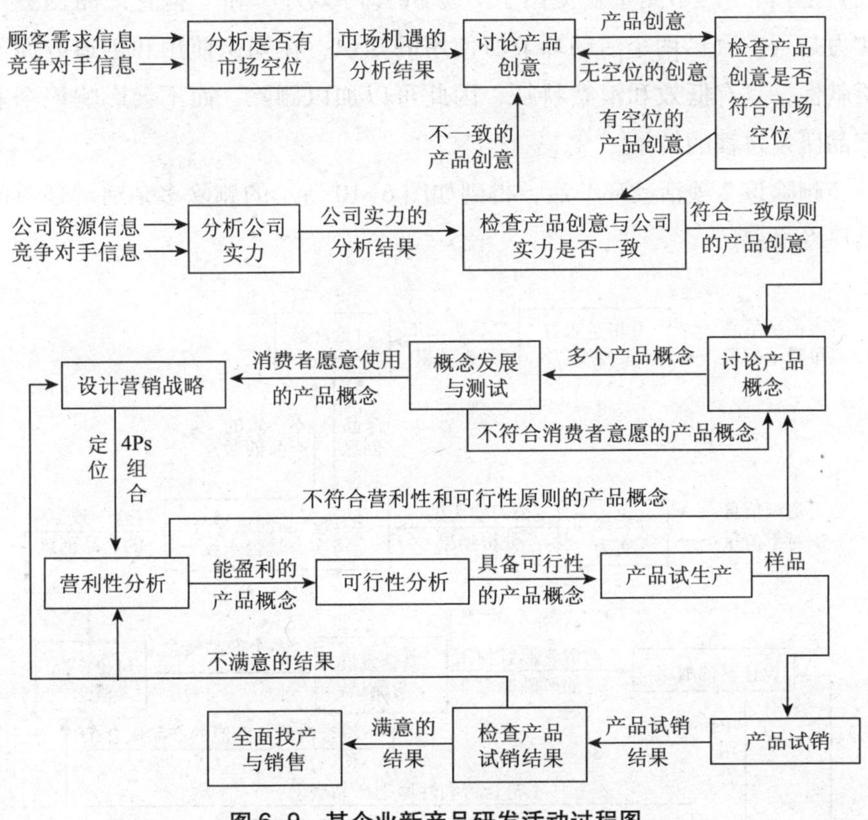

图 6-9　某企业新产品研发活动过程图

上述 6 项活动中，"检查产品创意与公司实力是否一致""概念发展与测试""营利性分析"和"检查产品试销结果"这 4 项均是对知识的首次使用或知识的创造活动。如"检查产品创意与公司实力是否一致"这一活动是将能够填补市场空位的产品创意进行可行性分析的活动，是将企业组织关于对自身和竞争对手的生产工艺、研发能力以及营销能力等方面认识的知识进行对比和分析的过程，是大多数新产品研发过程中多必需的活动。"概念发展与测试”则是将产品知识与消费者知识加以使用的过程，“营利性分析”和“检查产品试销结果”则是具有类似的知识使用或创造特征的活动环节。

不难发现，“检查产品创意是否符合市场空位”这一活动环节重复使用了“分析是否有市场空位”和“讨论产品创意”两个活动环节所使用的知识，“可行性分析”环节则重复使用了“分析公司实力”和“检查产品创意与公司实力是否一致”两个活动环节所使用的知识，在知识使用和创造方面不存在贡献性，具有低效和浪费特征，因此可以加以删除，而不会影响该企业的新产品研发过程的结果。

经删除该 2 项活动环节后，得到如图 6-10 所示的删除多余活动环节的新产品研发过程。

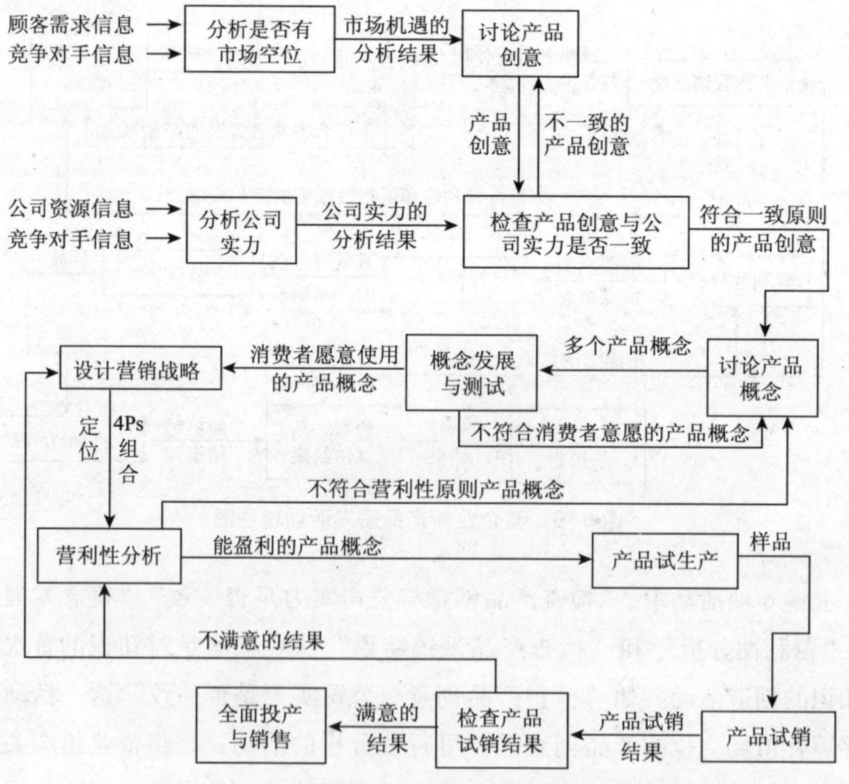

图 6-10 删除多余环节后的新产品研发活动过程

二、基于知识流的知识活动简化

知识逻辑下的企业组织活动过程都是知识使用与创造过程，其构成本质是知识流。如图 6-7 所描绘的某企业的新产品研发过程，从过程的初始投入到最终产出，其中的某个活动环节均由一定的知识投入和知识产出，有学者将其称为输入信息类和输出信息类①。借鉴用于研究有限集中多元子集的多元关系的超图理论，可以利用超图来表示企业知识活动过程中知识流之间的关系。输入元素和输出元素作为超图的借点，输入元素和输出元素之间的关系过程作为超图的边，则如图 6-9 所示的删除多余环节后的新产品研发过程可表示为图 6-11 所示的新产品研发过程的超图。

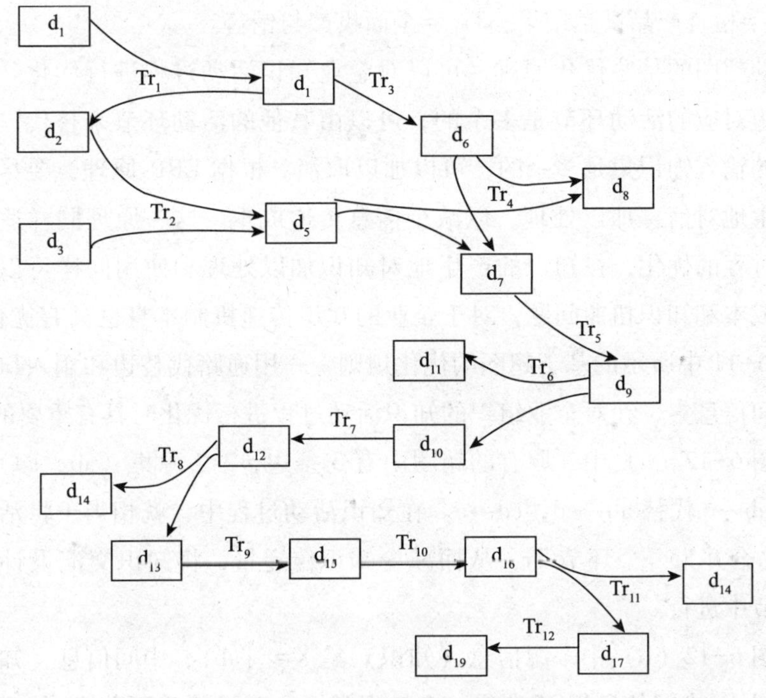

图 6-11　新产品研发过程的超图

① 黄丽华，何辉，薛华成．基于规则和方法的企业过程优化［J］．系统工程学报，2000（9）：209-216.

用 d_1 代表输入或输出知识元素，Tr_1 代表活动环节（中间关系过程），则

d_1 = 顾客需求信息，d_2 = 竞争对手信息，d_3 = 公司资源信息，d_4 = 市场机遇的分析结果，d_5 = 公司实力的分析结果，d_6 = 产品创意，d_7 = 符合一致原则的产品创意，d_8 = 不符合一致原则的产品创意，d_9 = 多个产品概念，d_{10} = 符合消费者意愿的产品概念，d_{11} = 不符合消费者意愿的产品概念，d_{12} = 定位和 4Ps 组合，d_{13} = 符合营利性原则的产品概念，d_{14} = 不符合营利性原则的产品概念，d_{15} = 样品，d_{16} = 产品试销结果，d_{17} = 满意的产品试销结果，d_{18} = 不满意的产品试销结果。

Tr_1 = 分析是否有市场空位，Tr_2 = 分析公司实力，Tr_3 = 讨论产品创意，Tr_4 = 检查产品创意与公司实力是否一致，Tr_5 = 讨论产品概念，Tr_6 = 概念发展与测试，Tr_7 = 设计营销战略，Tr_8 = 营利性分析，Tr_9 = 产品试生产，Tr_{10} = 产品试销，Tr_{11} = 检查产品试销结果，Tr_{12} = 全面投产与销售。

借助超图的某些优化原理，可以对企业知识活动过程进行优化。超图中的冗余边对应的活动环节是多余的，可以由其他的活动环节来替代；冗余结点对应的输入知识集是多余的，可以加以取消。根据 ERP 原理，要尽量在信息的产生地对信息加以处理，以减少信息传递成本。这一原理同样适用于知识活动过程的优化，在知识的产生地对知识加以处理和使用同样可以减少知识传递成本和知识扭曲问题，对于企业的知识传递机制本身也具有优化效应。借助图 6-11 中所示的基于超图的优化规则——用通路代替边和用入口信息集代替中间信息集，在对企业组织的知识活动过程进行优化时具有重要的意义。

在图 6-12（a）中，原有的超图中有 3 条边，2 个源集（ab，cd），可以用通路 ab→e 代替 ab→cd，cd→e。在知识活动过程中，就相当于将活动环节 Tr_1 和 Tr_2 合并为一个环节 Tr，从而减少知识传递量，将知识交流设计在一个活动环节中进行。

在图 6-12（b）中，源信息（知识）集 X= {ab}，中间信息（知识）集 M = {cd}，中间信息集 M 合另一个知识类 e 一起经活动环节 Tr_2 处理后产生目的信息（知识）集 Y。按照用入口信息集代替中间信息集的规则，可以用 X 代替 M。这样简化后的源域就只有（a，b，e）。反映到知识活动过程中，意味着活动环节 Tr_1 和 Tr_2 合并为较复杂的 Tr。

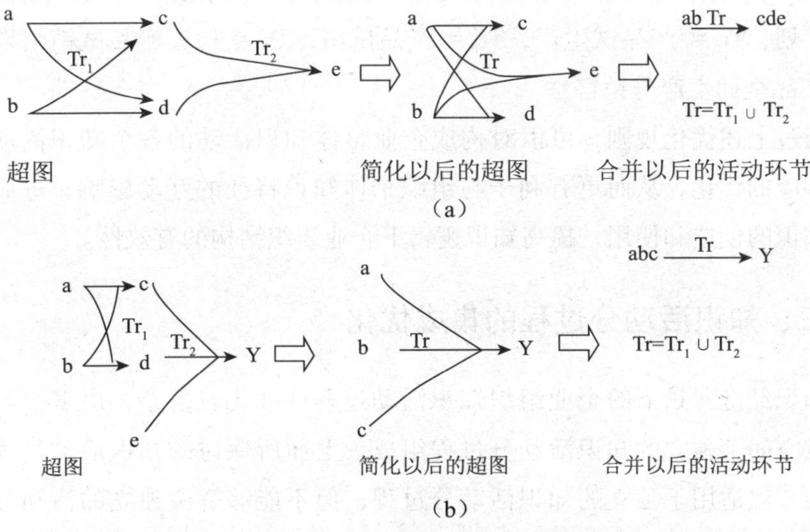

图 6-11 基于超图的简化规则

在图 6-11 所示的新产品研发过程的超图中，（d_7，d_8）作为（d_1，d_2，d_3）的目的信息集，（d_4，d_5）是它们的中间信息集。按照超图优化规则，可以将 Tr_1、Tr_2、Tr_3和 Tr_4合并，即将“分析是否有市场空位”“分析公司实力”“讨论产品创意”和“检查产品创意与公司实力是否一致”这 4 个活动环节合并为“产生产品创意”1 个活动环节，d_8作为不再使用的信息类则加以删除。新的“产生产品创意”环节包括上述 4 个环节的所有内容，在知识交流和使用上更加紧凑。同样，（d_{10}）作为（d_{13}，d_{14}）的入口信息集，（d_{12}）是其中间信息集，可以将 Tr 和 Tr 合并，即将“设计营销战略”和“进行营利性分析”这 2 个活动环节合并为“营销计划”，d 作为不再使用的信息类加以删除，d 调整为“产品的营销计划”。经过优化后，得到如图 6-12 所示的新产品研发过程的新超图。

其中，d_1 = 顾客需求信息，d_2 = 竞争对手信息，d_3 = 公司资源信息，d_4 = 产品创意，d_5 = 多个产品概念，d_6 = 复核消费者意愿的产品概念，d_7 = 不符合消费者意愿的产品概念，d_8 = 营销计划，d_9 = 样品，d_{10} = 产品试销结果，d_{11} = 不满意的产品试销结果，d_{12} = 满意的产品试销结果，d_{13} = 新产品的市场表现。

Tr_1 = 产生产品创意，Tr_2 = 讨论产品概念，Tr_3 = 概念发展与测试，Tr_4 = 营销计划，Tr_5 = 产品试生产，Tr_6 = 产品试销，Tr_7 = 检查产品试销结果，Tr_8 = 新产品全面生产与销售。

通过上述优化规则，可以对构成企业整体知识活动的各个知识活动过程进行相应的优化，从而更有利于与组织个体知识特征的互动影响，进而更有利于知识的创造和使用，提高知识逻辑下企业组织结构的有效性。

三、知识活动分过程的集成优化

知识经济背景下的企业组织知识活动过程往往比较复杂，由多个可以在时间或空间上独立的知识活动分过程组成。上面所探讨的知识活动过程优化规则与方法适用于独立的知识活动分过程，但不能够解决独立的活动分过程的协调问题。独立的知识活动分过程之间需要协调与集成，才能够形成企业的整体知识活动过程，独立的知识活动分过程的协调关系的设计与优化过程则构成了企业的知识活动分过程的集成优化过程。

我们认为，企业的知识活动分过程的集成优化目标有两个：①通过企业的知识活动分过程的集成优化，能够对企业的知识活动分过程进行更好的协调，使企业能够更快、更好地学习、创造和使用知识，进而使建立在企业知识活动能力基础上的其他能力如应变能力能够得到提升和发挥。②企业的知识活动分过程的集成优化，能够使企业组织的功能结构在对知识活动过程发挥同等的协调功效时效率更高，管理总费用[①]最低。这样的优化目标同时也决定了知识逻辑下的企业的知识活动分过程的集成优化的路径与方法选择。

我们认为，提高协调系统的效率，降低其管理费用可以通过下面的途径实现：①通过调整与优化知识活动分过程的结构关系，减少整个知识活动过程的人为协调需求，从而实现企业的知识活动分过程的集成优化目标。②通过有步骤地改变企业组织的管理幅度与层次，实现企业的知识活动分过程的集成优化目标。

---

① 我们认为管理总费用包括三个部分：（1）管理的直接费用，如办公场所租金；（2）协调能力富余造成的管理人员空闲造成的费用；（3）协调能力不够所造成的下级工作延迟所造成的费用损失。

1. 知识活动分过程的结构关系优化

我们认为，企业组织中的知识活动分过程的结构关系可分为三种：并行结构、无反馈关系的串行结构和有关反馈关系的串行结构（如图 6-13 所示）。

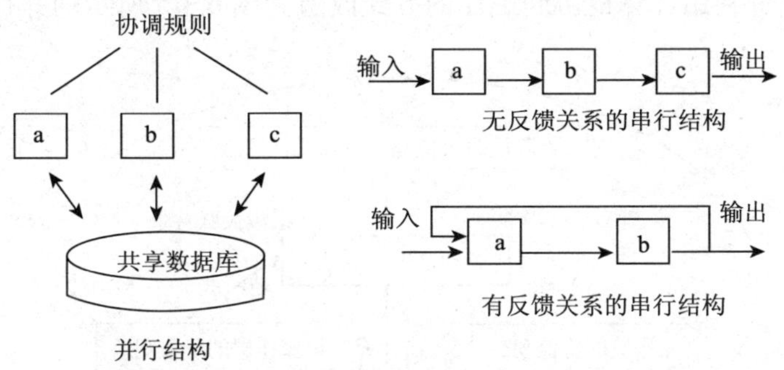

图 6-13　企业组织中的知识活动分过程结构示意

在无反馈关系的串行结构中，分活动 a、b、c 是顺序的输入输出关系，a 和 b 对输出的贡献是间接的。由于 a 和 b 的输出分别是 b 和 c 的输入，因此，b 和 c 的活动质量在很大程度上受到前向分活动的影响，而且这直接增加了对 a、b 和 c 的协调的不确定因素。在有反馈关系的串行结构中，a 和 b 之间既是输入输出关系，又是交流合作关系，其人为协调的难度不亚于没有反馈关系的串行结构。在图 6-13 中的并行结构中，a、b 和 c 是在一定协调规则下通过共享数据库实现交流的分活动结构关系。这种并行结构表面上看活动之间的协调比较复杂，但在确定协调规则和构建共享数据库后，对人为协调的需求较少也较规范，因此，实际上降低了企业组织的知识活动的协调成本。

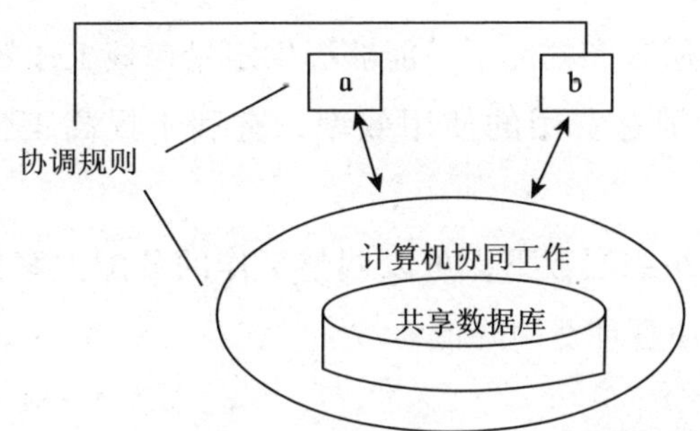

图 6-14　改造后的有反馈关系的分活动过程结构关系

因此，企业组织的知识活动分过程的结构关系的优化方向是将串行结构向并行结构改造。如图 6-14 中的无反馈关系的串行结构可以通过确定一定的协调规则和构建必须的共享数据库后改造为并行结构。有反馈关系的串行结构也可以通过利用计算机协同工作的方式改造为图 6-15 所示的并行结构。

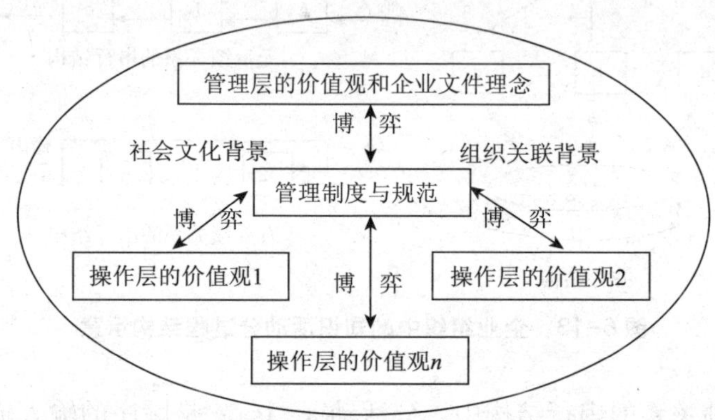

图 6-15　知识逻辑下的企业文化形成与影响机制

2. 企业组织的管理幅度与组织层次优化

将企业组织的具有串行结构特征的活动过程向并行结构方向优化，能够降低整个知识活动过程的人为协调需求，提高管理效率。但在企业组织的活动过程协调中仍然需要人为管理，这种人为管理的需求构成了企业组织的管理幅度与组织层次。顾元勋①等使用排队论中的单服务台模型对传统组织结构中的管理幅度与组织层次调整进行了初步的探讨，并认为通过排队论模型可以解决下面的问题：

（1）在既定的层数和幅度下，能够提供定量考核工作效率的依据和指标，正确分配和监督管理总费用的使用效率，有利于提高工作效率，降低管理成本。

（2）在既定的组织层数下，可以调整工作的分配方案使员工工作负担相等或变动管理幅度使管理费用降低。

---

① 顾元勋，王建华，孙林岩．基于排队论的企业组织结构优化研究［J］．系统工程理论与实践，2000（12）．

（3）在组织的重新设计上，提供优化组织层数和管理幅度的定量模型及其求解方法。

我们认为，该模型关于企业组织中的管理工作流的特点假设是合理的，因此将排队论模型用于企业组织的管理幅度与组织层次优化问题也具有相当的合理性。顾元勋等的工作能够在一定程度上解决传统组织结构中的管理幅度与组织层次优化问题，但该模型用于知识逻辑下的企业组织结构中的管理幅度与组织层次优化时则存在明显的不足。该模型的优化目标只考虑管理总费用的降低，没有涉及企业知识活动的有效性问题，因此其数量化的优化过程同样也没有包括知识活动要素。如果排队论模型加以扩充与改进，将知识活动的效果与成本要素考虑到模型中，是可以解决知识逻辑下的企业组织的管理幅度与组织层次优化问题的。

知识经济背景下的企业组织活动的本质是知识的创造和使用，其在协调工作的特点上与传统组织具有相似性。知识经济背景下企业组织中管理人员所要处理的工作来源同样分为来自下级任务单元、上级、平行任务单元和组织外部四种，若按照顾元勋等的处理方法，可以将来自非下级任务单元的全部协调工作作为一个特殊的下级来看待，并假设每一位下级每次向上级递交一件工作，则知识经济背景下的企业组织中的管理人员的工作流符合 Poisson 流的特征；

（1）平稳性，在工作时段［t_0，$t_0+\Delta t$］内达到的下级人数只与时间间隔 Δt 有关，而与时间起点 t_0 无关；

（2）无后效性，在［t_0，$t_0+\Delta t$］内到达 k 个下级这一事件与 t_0 以前发生的事件无关；

（3）普通性，在充分短的时间间隔 Δt 中，最多到达一个下级。若记 P_K（Δt）为 Δt 到达 k 个下级的概率，则有

$$\lim_{\Delta t \to 0} \frac{\sum_{k=2}^{\infty} P_k(\Delta t)}{\Delta t} = 0$$

（4）非平凡性，到达不同下级的概率总和为 1，即

$$\sum_{k=2}^{\infty} P_k(\Delta t) = 1$$

顾元勋等认为在只研究一个上级与其下级的工作关系问题时，符合上述条件的管理工作模型是单服务台的排队系统，其符号形式为M/G/1，得出整个企业组织单位时间内的管理总费用损失为：

$$C = \sum_{i=2}^{L-1} \left| \frac{\rho_i^2(1 + v^{i^2})_s}{2(1 - \rho_i)} \cdot C_w^{(i)} \right| + \sum_{i=1}^{L-1} \left| (1 - \rho_i) C_F^{(i)} \right|$$

其中，p 是有排队系统决定的系统负荷水平；C_w 是每位下级向上级呈交工作时，延误单位时间的费用损失；C_F 为工作时间内上级空闲单位时间的费用损失；L 为组织层数；S_i 为第 i 层的管理幅度。

加入约束条件，则得到优化组织结构的优化模型

$$\min C = C(i,\ L,\ S_I)$$

对上示求出满意解后，则得到企业组织满意的管理幅度与组织层次。

我们认为，知识逻辑下的企业组织的管理幅度与组织层次优化必须遵循两个步骤：

（1）按照企业组织的知识活动的有效性要求，即知识的创造与使用的有效性，为企业组织设计能够达到要求的管理幅度与组织层次。

（2）可以借鉴上文所介绍的优化模型对管理幅度与组织层次进行二次优化，从而在实现知识活动有效性的前提下做到管理总费用最低。

第四节　文化重构

以治理机制优化为主题的和谐优化是将治理机制优化作为知识经济背景下企业组织整体优化的起点或主要内容，进而实现知识经济背景下企业组织各层面和谐性的优化过程（如图6-16所示）。

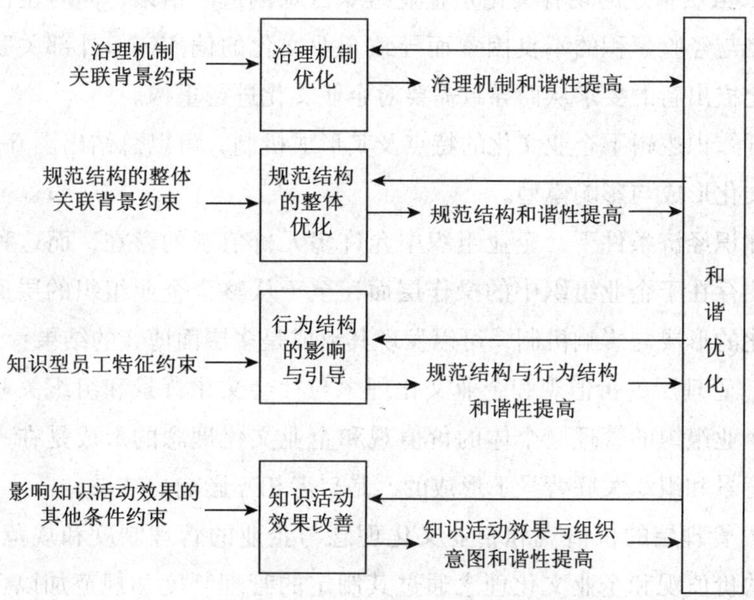

图 6-16 以治理机制优化为主题的组织结构和谐优化过程

由于本书所提出的知识逻辑下的企业治理机制优化中的权利再分配与第四章中所论述的知识分布与权利分配在技术尚基本不存在差别性，因此，我们认为在本部分应仅探讨文化重构问题。知识经济条件下的企业文化是具备多元化特征的学习型文化，是企业组织自觉创造的结果①。在知识经济条件下企业文化既可以由组织自觉创造，也可以根据某些相关因素的变化而进行重构。企业文化的重构动因来自以下方面：

（1）虽然知识经济条件下的企业文化可以进行自觉性创造，但企业的现有文化是组织记忆和经验积累的结果，同时这种自然形成的企业文化不能够适应企业生存与发展的需要。

（2）虽然企业的现有文化已经是主动构建的结果，但随着时间的流逝仍然不可避免地掺杂有组织记忆和经验积累的要素，从而导致现存的企业文化偏离企业生存与发展的期望方向。

① 陈传明．知识经济条件下的企业组织结构化改造［J］．南京大学学报（哲学·人文科学·社会科学），2000（1）．

（3）虽然企业的现有文化是企业组织自觉创造的结果，同时也没有掺杂组织记忆与经验累积的不良因素而导致企业文化的偏离，但外部关联因素对企业文化提出新的要求从而导致需要对企业文化进行重构。

根据知识逻辑下企业文化的特点及其形成机制，可以总结出图 6-14 所示的企业文化形成与影响模型。

在知识经济条件下，企业组织中允许多元价值观的存在，而这种多元价值观往往存在于企业组织中的操作层面，至于从整个企业组织的层面来分析企业文化的形成与影响机制，可以发现其形成是多层面博弈的结果：

（1）管理层的价值观和企业文化理念与社会文化背景和组织关联背景的博弈。企业组织的管理层个体的价值观和企业文化理念的形成是在一定的社会文化背景和组织关联背景下形成的，是二者相互影响的结果。

（2）管理层的价值观和企业文化理念与企业的管理制度和规范的博弈。管理层的价值观和企业文化理念通过其制定的管理制度和规范加以反映，并借以对操作层的价值观产生影响。在管理制度和规范产生影响的过程中，与操作层价值观发生冲突的制度和规范分成转而对管理层的价值观和文化理念产生影响。二者在企业文化的形成过程中产生博弈机制。

（3）操作层个体的价值观与社会文化背景和组织关联背景的博弈。企业组织的操作层个体的价值观的形成在一定程度上是在一定的社会文化背景和组织关联背景下形成的，同样是二者相互影响的结果。

（4）操作层个体的价值观与管理制度和规范的博弈，操作层个体的不同个性及其在不同个性基础上形成的多元化的价值观是知识经济条件下企业组织多元化企业文化形成的基础。应该看到的是，操作层个体的个性特征和价值观不仅仅只受社会文化背景和组织关联背景的影响，在更大程度上会受到由管理层制定的、反映管理层价值观和文化理念的企业制度和管理规范的影响。与操作层个体的个性特征相适应的企业制度与管理规范会得到保留和强化，若二者发生冲突，则会出现两种可能：要么企业制度与管理规范得到保费和强化，操作层个体的个性特征因此发生改变而与企业组织的文化共性相适应；要么操作层个体的个性特征得以保留，而不能够适应这种特征的企业制度和管理规范被弱化或被彻底摒弃 。此为操作层个体的价值观与管理制度和规范的博弈。

上述不同层面的博弈机制构成了知识经济条件下企业文化的形成与影响机制。可以发现，贯穿于整个过程、起核心作用的是企业制度和管理规范。可以说，企业文化重构的杠杆是企业制度和管理规范。对反映管理层价值观和文化理念的企业制度管理和规范进行计划性和系统化的变化，是企业文化重构的主要手段。

同时，通过组织以新的企业文化理念为主题和主要内容的企业内深度汇谈，也可以称为企业文化重构的辅助性手段。在上述分析的基础上，我们提出如图 6-17 所示的知识逻辑下的企业文化重构模型。

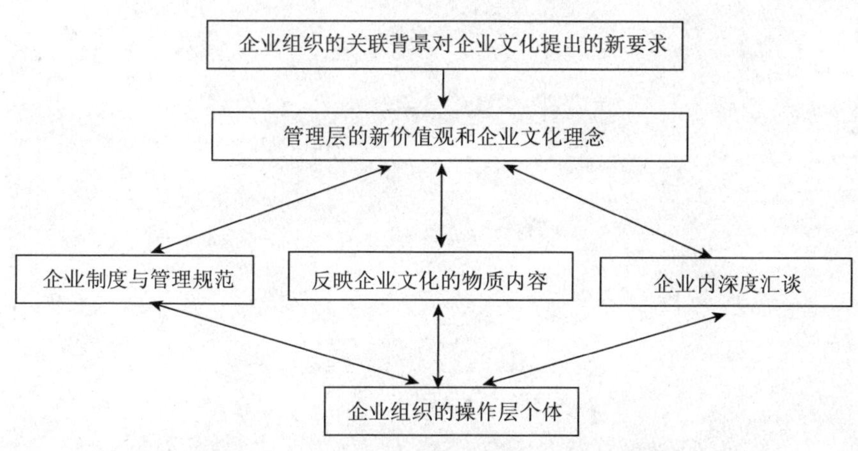

图 6-17　知识逻辑下的企业文化重构模型

具体来说，知识经济条件下的企业文化重构需要遵循以下步骤、使用以下途径：

（1）首先是企业组织的管理层的价值观和企业文化理念适应外部社会文化和组织关联背景的变化而变化，从而提出企业文化重构的方向和目标。

（2）企业组织的管理层将企业文化重构的方向和目标加以具体化，并对能够反映企业文化重构具体方向和目标的企业文化的物质层内容和企业制度和管理规范进行相应的调整。

（3）在调整后的企业文化物质层内容与新的企业制度和管理规范发挥作用的同时，企业组织的管理层和操作层进行系统的深度汇谈，对企业文化的重构方向和目标进行渗透和调整。

（4）通过调整后的企业制度和管理规范、新的企业文化物质层特征以及深度汇谈，企业组织的组成个体之间，个体与企业制度和管理规范之间、个体与企业外部环境之间进行多层面的博弈，从而实现企业文化重构的具体目标。

参考文献（中文部分）

[1]［英］马克斯·H·布瓦索．信息空间——认识组织、制度和文化的一种框架［M］．王寅通，译．上海：上海译文出版社，2000.

[2]［美］W·理查德·斯格特．组织理论［M］．黄洋，等，译．北京：华夏出版社，2002.

[3]［法］米歇尔·克罗齐埃．科层现象［M］．刘双全，译．上海：上海人民出版社，2002.

[4]［美］彼得·布劳马歇尔·梅耶．现代社会中的科层制［M］．马戎，等，译．上海：学林出版社，2001.

[5]［美］理查德·L. 达夫特．组织理论与设计精要［M］．李维安，等，译．北京：机械工业出版社，1999.

[6]［美］保罗·S·麦耶斯．知识管理与组织设计［M］．蒋惠工，等，译．珠海：珠海出版社，1998.

[7]［美］杜拉克．杜拉克管理思想全书［M］．苏伟伦，译．北京：九州出版社，2001.

[8]［美］盖瑞·J·米勒．管理困境—科层的政治经济学［M］．王勇，等，译．上海：上海三联书店，2002.

[9]［日］青木昌彦．比较制度分析［M］．周黎安，译，上海：上海远东出版社，2001.

[10]［美］马克弗因．知识工厂——东芝公司智力资本管理［M］．余昌楷，等，译．北京：华夏出版社，2001.

[11]［美］莫什·F·鲁宾斯坦，艾丽丝·R·弗斯腾伯．大脑型组织

[M]. 张国华，温伟德，译 . 上海：上海交通大学出版社，2001.

[12] [美] 艾尔弗雷德 · D. 钱德勒 . 战略与结构——美国工商企业成长的若干篇章 [M]. 北京天则经济研究所译 . 云南：云南人民出版社，2002.

[13] [英] 加里 · 哈默等 . 战略柔性——变革中的管理 [M]. 朱戎，等，译 . 北京：机械工业出版社，2000.

[14] [英] 安德鲁 · 坎贝尔等 . 战略协同 [M]. 任通海，等，译 . 北京：机械工业出版社，2000.

[15] [德] 迈诺尔夫 · 迪尔克斯 . 组织学习与知识创新 [M]. 上海：上海人民出版社，2001.

[16] [美] 迪恩 · 乔斯瓦尔德 . 协同与成功—组织效率管理论 [M]. 徐世群，等，译 . 四川：四川科技出版社，1990.

[17] [英] 查尔斯 · 汉迪 . 非理性的时代：掌握未来的组织 [M]. 王凯丽，译 . 北京：华夏出版社，2000.

[18] 陈传明 . 比较企业制度 [M]. 北京：人民出版社，1994.

[19] 陈传明 . 知识经济条件下企业组织的结构化改造 [J]. 南京大学学报，2000，37 (1).

[20] 陈昆玉，覃正 . 企业的组织问题：授权与控制悖论 [J]. 科学学研究，2002 (02).

[21] 方润生，李垣，冯进路 . 管理层人力资本结构的变化对企业绩效的影响 [J]. 科研管理，2002 (11).

[22] 方卫国，周泓，郑筠 . 组织决策与组织结构的拟定量研究 [J]. 北京航空航天大学学报，1998 (12).

[23] 葛京，席酉民 . 多国企业组织结构理论及其演进 [J]. 外国经济与管理，2001 (05).

[24] 贺昌政，吕建平 . 自组织数据挖掘理论与经济系统的复杂性研究 [J]. 系统工程理论与实践，2001 (12).

[25] 韩华林，朱瑞博 . 融资结构、法人治理结构与组织结构：现代企业绩效的一个视角 [J]. 经济管理 · 新管理，2002 (08).

[26] 江积海，牟小俐，代小春．基于模糊综合评判的企业动态组织结构的设计与重构［J］．系统工程理论与实践，2002（07）．

[27] 金吾伦．浑序组织——一种建立在复杂性基础上的新型组织［J］．自然辩证法通讯，2002（04）．

[28] 金吾伦．复杂性组织管理的涵义、特点和形式［J］．系统辩证学学报，2002（10）．

[29] 刘洪．涌现与组织管理［J］．研究与发展管理，2002（08）．

[30] 刘洪，周健．企业系统演化的一般规律［J］．系统辩证学学报，2002，10（01）．

[31] 李金生．论高科技企业的组织结构模型［J］．中国软科学》，2002（07）．

[32] 李卫东．企业组织结构知识决定因素的一个理论追述［J］．经济评论，2002（05）．

[33] 罗珉．论后现代组织的变革与发展［J］．外国经济与管理，2002（06）．

[34] 聂子龙，李浩．论科层制与学习型组织的相容性［J］．南方经济，2002（12）．

[35] 彭耀，和丕禅．我国企业组织冲突的动因分析及管理对策［J］．中国软科学，2002（09）．

[36] 盛昭瀚，蒋鹏德．演化经济学［M］．上海：上海三联书店，2002.

[37] 隋舵，孔艳杰．集团公司组织架构模式比较与分析［J］．学习与探索，2002（03）．

[38] 孙国强．网络组织系统的结构设计与功能分析［J］．系统辩证学学报，2002（01）．

[39] 王冰，周远飞．簇群的知识共享机制和信任机制［J］．外国经济与管理，2002（05）．

[40] 王宝友，宁汝新，崔丽华．模块化企业探讨［J］．组合机床与自动化加工技术，2001（01）．

[41] 汪丁丁．知识沿时间和空间的互补性以及相关的经济学［J］．经济研究，1997（06）．

[42] 王周焰，王浣尘．组织崩溃［J］．科学管理研究，2000（10）．

[43] 王永龙．动态复杂性环境中的组织创新研究［J］．经验管理·新管理，2002（06）．

[44] 王耀忠，黄丽华，王小卫，薛华成．网络组织结构及协调机制研究［J］．系统工程理论方法应用，2002（03）．

[45] 王愚，达庆利．企业组织的信息丰富综合征分析及对策［J］．管理工程学报，2002（02）．

[46] 王立新．跨国公司组织结构模式变化及其对我国企业的启示［J］．中山大学学报（社会科学版），2002（06）．

[47] 魏东，朱秀文．事件驱动的企业流程及其建模的研究［J］．科学学与科学技术管理，2002（04）．

[48] 吴素文，孙东川，朱怀意，权力的性质与组织结构的演变［J］．软科学，2002，16（3）．

[49] 肖智星，陈春花．系统科学与组织变革研究［J］．系统科学与组织变革研究，2001（01）．

[50] 席酉民．21世纪的管理与管理研究［J］．中国软科学，1997（12）．

[51] 席酉民，尚玉钒．和谐管理理论［M］．北京：中国人民出版社，2002．

[52] 席酉民．组织的立体多核网络模型研究［J］．西安交通大学学报，2002（04）．

[53] 杨彦莉．跨国企业组织结构变化规律分析及其应用［J］．国际经济合作，2002（10）．

[54] 袁春晓．供应链变迁与企业组织形式的演化［J］．管理世界，2002（03）．

[55] 张玉利，徐海林．中小企业成长中的复杂性管理及知识显性化问题研究［J］．外国经济与管理，2002（03）．

[56] 张朋柱，方程，万百五，组织内冲突的重复对策模型 [J]. 管理科学学报，2002（04）.

[57] 张玲玲，林健．信息技术与企业战略、业务流程及组织结构整合的关系模型研究 [J]. 系统工程，2002（03）.

[58] 郑江淮．信息追随、管理者从众行为与报酬合约 [J]. 中国工业经济，2002（03）.

[59] 朱宏杰，于英川．企业组织结构：基于蚁群算法的阶段性设计方法 [J]. 商业研究，2002（05）.

参考文献（英文部分）

1. Argyris, Chris (1982). Reasoning, Learning and Action: Interational and Organizational. San Francisco: Jossey-Bass.

2. Arie Y. Lewin and Carroll U. Stephens, 1994, "CEO Attributes as Determinants of Organization Design: An Integrated Model", Organization Studies 15. No. 2 (1994) 83-212.

3. Ashby, W. Ross (1952). A Design for a Brain . New York: Wiley.

4. Bales, Robert F. (1953). "The Equilibrium Problem in Small Groups", in working paprses in the theory of Action, pp. 111 - 61, by Talcott Parsons, Robert F. Bales, and Edward A. Shils. Glencoe, IL: Free Press.

5. Barnard, Chester I. (1938). The Functions of the Executive. Cambridge, MA: Harvard University Press.

6. Becker, G., and Murphy, K. (1992), "the Division of Labor, Coordination Costs, and Knowledge", Quarterly Jurnal of Economics, vol, CVII, No. 4 (November 1992): 1137-1160.

7. Beer, Stafford (1964). Cybernetics and Management, New York: Wiley.

8. Bennis Warren G. (1959). "Leadership Theory and Administrative Behavior", Administrative Science Quartrly, 4, 259-301.

9. Bertalanffy, Ludwing von (1962). "General System Theory: A Critical Review", in General Systems: Yearbook of the Society for General Systems Resarch, ed. Ludwing von Bertalanffy and Anatol Rapoport, 7, 1-20.

10. Bouulding, Kenneth E. (1956). "General Systems Theory: The Skeleton

of Science", Management Science, 2, 197-208.

11. Broom, Leonard, and Philip Selznick (1955). Sociology. 2nd ed. Evanston, IL: Row, Peterson.

12. Buckiey, Walter (1967). Sociology and Modern Systems Theory. Englewood Cliffs, NJ: Prentice Hall.

13. Cartwright, Dorwin (1965). "Influence, Leadership, Conteol", in Handbook of Organizations, pp. 1-47, ad. James G. March. Chicago: Rand McNally.

14. Chandler, Alfred D., Jr (1962) Strategy and Steucturs: Chapters in the History of the American Industrial Enterprise. Cambridge, MA: MIT Press.

15. Cole, Robert E. (1994). "Different Quality Paradigms and their Implications for Organizational Learning", in the Japanese of Comparative Strength, pp. 66-83, Oxford: Clarendon Press.

16. Collins Randall (1975). Conflict Sociology: Toeard an Explanatory Science . New York: Academic Press.

17. Fiedler, Fred E. (1964). "A Contingency Model of Leadership Effectivenss", in Advances in Experimental Social Psyiglogy, ed. Leonard Berkowitz. New York: Academic Press.

18. Galbraith, JayR. (1973). Designing Complex Organizations. Readong, MA: Addison-Wesley.

19. Galbraith, JayR. (1973). Organization Design. Reading, MA: Addison-Wesley.

20. Gouldner, AlvinW. (1959). "OrganizationsAnalysis", in Sociology today, pp. 400 - 428, ed. Robert K. Merton, Leonard Broom, and Leonard S. Cottrell, Jr New York: Basic Books. .

21. Gross, Edward (1968). "Universities as Organizations: A Research Approach", American Sociological Review, 33, 518-544.

22. Kahn, Robert L. (1990). "Organizational Design and Systems Analysis",

in Handbook of Organizations, pp. 1171-211, ed. James G. March. Chicago: Rand McNally.

23. Kahn, Robert L . (1990). "Organizations Theory andInternational Relations: Mutually Informing pardigms", in Organizations and Nation-States: New Perspectives on Conflict and Cooreration, pp . 1-15, ed . Robert L. Kahn and Mayer N. Zald. San Francisco: Jossey-Bass.

24. Lawrence, Paul R. , and Jay W. Lorsch (1967). Organization and Environment: Managing Differentation and Intergtation. Boston: Graguats School of Business Adminstration, Harvard University.

25. Massie, Joseph L. (1965). "Management Theory", in Handbook of Organizations, pp. 387-422. Chicago: Rand Manally.

26. Mintzberg, Henry (1979). The Strucyure of Organizations. Englewood Cliffs, NJ: Prentice Hall.

27. Parsons, Talcott (1951). The Social system. Glencoe, IL: Free Press.

28. Parsons, Talcott (1960). Structure and Process in Modern Societies. Glencoe, IL: Free Press.

29. Pfeffer Jeffrey, and Gerald R. Salancik (1978). The Extrnal Control of Organizations. New York Harper& Row.

30. Pondy Louis R. And Ian I. Mitroff (1979). "Beyond Open System Models of Organization", in Reasearch in organizational Behavior, 1, 3-39, ed. Barry M. Staw. Grreenwich CN: JAI Press..

31. Roethlisberger, F. J. , and William J. Dickson (1939). Management and the Worker. Cambridge, MA: Harvard University Press.

32. Sage, Andrew p. (1981). "Designs for Optimal Information Filters", in Handbook of Organzatonal Design, Vol. 1, pp . 105-121. London Oxford University Press .

33. Scott, W. Richard (1988). "Envirnmental Linkages and organizational Complexity: Public and Private Schools", in Comparing Public and Private

Schools, Vol. 1, 128 – 160, ed Thomas James and Henry M. Levin New York; Falmer Press.

34. Selznick Philip (1949). TVA and the Grass Roots . Barkeley: Univesity of California Press.

35. Selznick Philip (1957). Leadership in Administration . New York: Harper &Row.

36. Sinon, Herbert A. (1976). Administeship Behavior (3rd ed). New York: Macmillan.

37. StogdillR. M. , andA. E. Coons, ed. (1957). Leader Behavior: ItsDes-ceiptionand Measurement . Reserch Monograph 88. Columbus, OH; Bureau of Business Rearch, Ohio State Univesity.

38. Swinth, Robert L. (1974). Organizational Systems for Management: Designing, Planning and Implemntion. Columbus, OH: Gird.

39. Weick, Karl E. (1969). The Social Psychology of Organizing. Reading, MA: Addison-Wesley.

40. White, Ralph, and Ronald Lippitt (1953). "Leader Behavior and Member Reaction In Three SocialClimates", in Group Dynamics, pp. 586-611, ed. Dorwin Cartwright and Alvin Zander, Evanston, IL: Row, Peterson.

41. Zucker, Lynne G. (1977) "The Role of Instiutions in Cultural Persistence", American Sociological Review, 42, 726-743.

重要术语索引表